50
dibujos de
insectos
arañas, escorpiones, etc.

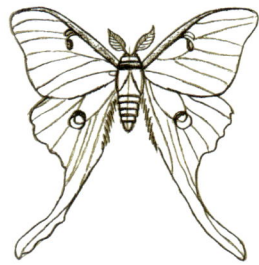

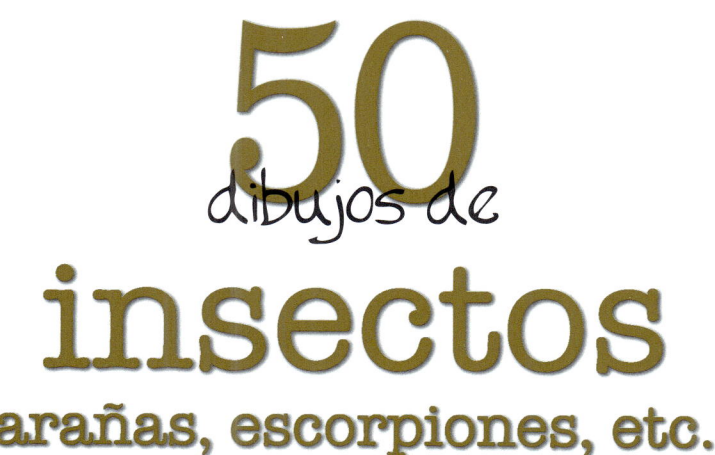

50 dibujos de insectos
arañas, escorpiones, etc.

**Aprende a dibujar paso a paso
mariposas, tarántulas peludas, caracoles, etc.**

Lee J. Ames y Ray Burns

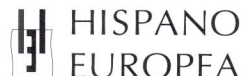
HISPANO EUROPEA

Al lector

Éste es otro título de la colección de 50 Dibujos. Una vez más, he tenido la alegría y el privilegio de mostrarte una forma de dibujar. Esta vez me encargo de presentar el método que hemos utilizado Ray y yo. Trabajar con él y aportar a esta obra su excepcional talento han hecho de este trabajo una experiencia fantástica.

Ray es uno de los mejores ilustradores de nuestros tiempos. Ha dibujado para multitud de obras en blanco y negro, en color, con dibujos animados de ficción y realistas, ilustrando todo tipo de obras, desde cuentos de hadas hasta libros de historia de las ciencias naturales.

Para empezar a trabajar, te recomiendo utilizar una hoja de papel en blanco y un lápiz (HB o nº2). También hay que tener siempre una goma a mano. Después, tienes que elegir el insecto que quieres dibujar y, sin calcar, y con dedicación reproducir el dibujo de la primera etapa. Poco a poco, y con cuidado, hay que añadir la etapa del número dos...Cuando vayas avanzando, no tienes que estudiar sólo los trazos, sino también los espacios que hay entre ellos. Debes reproducir la etapa número uno de modo que se parezca lo máximo posible a los rasgos y los espacios de la obra (que no sea ni demasiado grande ni demasiado pequeña). Hay que recordar que las primeras etapas son las que requieren mayor atención, puesto que un error en este nivel puede destrozar el conjunto.

Durante tu trabajo, te será muy útil tener el dibujo delante de un espejo. A veces el espejo muestra que la ilustración está distorsionada en un sentido que no habíamos percibido.

En este libro, las nuevas etapas están en un tono más oscuro que las anteriores para poderlas localizar con facilidad. Lo mejor es dibujar sin apretar y utilizar la goma para aligerar un rasgo de lápiz que haya quedado demasiado oscuro.

Cuando hayas terminado todas las etapas y el dibujo esté a tu gusto, termínalo repasando firmemente con el lápiz, con tinta china (con un pincel o una pluma), con un bolígrafo o rotulador. Cuando tu obra se haya secado por completo, podrás borrar los trazos hechos con el lápiz.

Tienes que recordar siempre que, aunque los primeros esbozos no te salgan muy bien, debes continuar intentándolo. Al final la recompensa será muy grata y te sentirás orgulloso de tus dibujos.

Espero sinceramente que vayas mejorando en tus diseños y que disfrutes diseñando todos estos insectos terrestres y voladores.

Lee J. Ames

A los educadores

Cuando iba al colegio, un día nos pidieron que dibujásemos algo para el cumpleaños del Presidente. Enseguida se inició una feroz competencia entre los cuatro o cinco artistas de la clase.

Está claro que ninguno queríamos reconocer que el dibujo de los demás era mejor que el nuestro. Por orgullo, todos nos considerábamos los vencedores. Hoy en día, con total honestidad, no podría decir que el mío merecía ser el número uno, pero aprendí algo que, con el tiempo, dio como resultado la serie *50 Dibujos*.

Aprendí la importancia de la aprobación de nuestros semejantes. El ánimo que nos dieron nuestros compañeros a todos los artistas de la clase, así como los halagos que nos hicimos recíprocamente fueron una gran fuente de inspiración. Gran parte de este grupo se convertiría, con los años, en profesionales ampliamente reconocidos.

Todos los dibujos realizados por los artistas de la clase eran copiados de otras fuentes, pese a la desaprobación general ante la "copia". Por lo tanto, copiamos el trabajo de otra persona, etapa a etapa, borrando y volviendo a dibujar encima. Muchos consideraron que no se trataba de un trabajo creativo y que, además, constituía una forma peligrosa de aprender a dibujar, pero a nosotros nos encantó el resultado. A nuestros amigos y compañeros de clase también y nos animaron en todo momento.

Más tarde, dominaríamos la técnica, la teoría y nos adentraríamos en el apasionante mundo del dibujo gracias al estímulo y apoyo de los amigos, los compañeros de clase y la familia. Al principio copiamos, pero después ya encontramos la manera de crear nuestras propias obras originales.

¡La imitación es indispensable para conseguir la creatividad!

Espero que mis lectores logren realizar dibujos que les aporten la aprobación gratificante de sus seres próximos. ¡A divertirse!

Lee J. Ames

Índice

Insectos, arañas, escorpiones, etc.

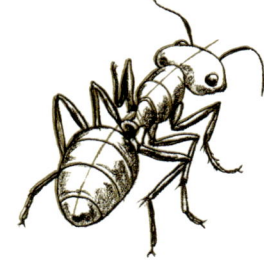

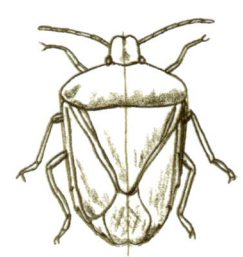

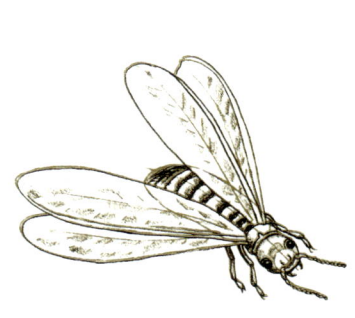

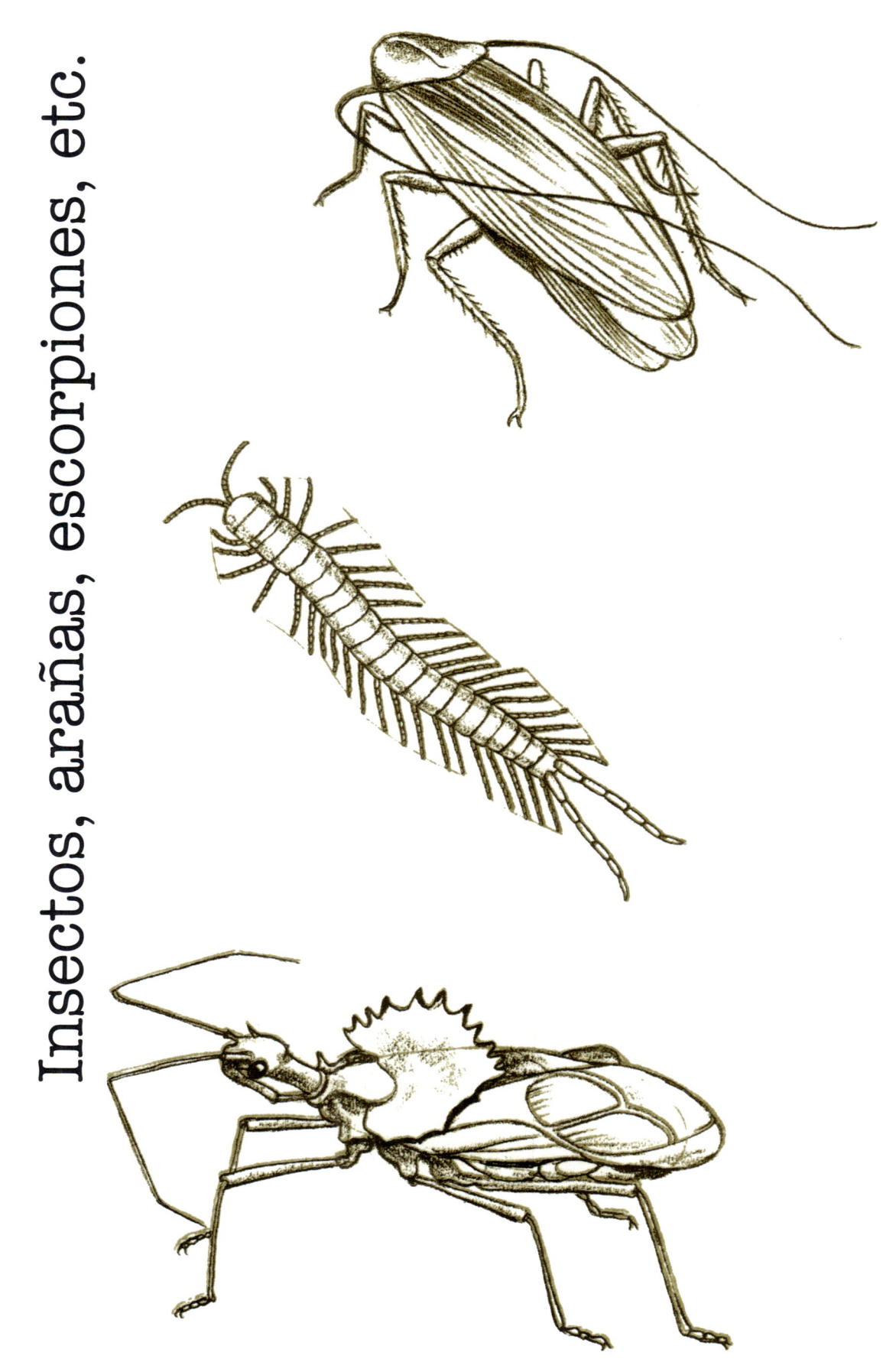

Insectos, arañas, escorpiones, etc.

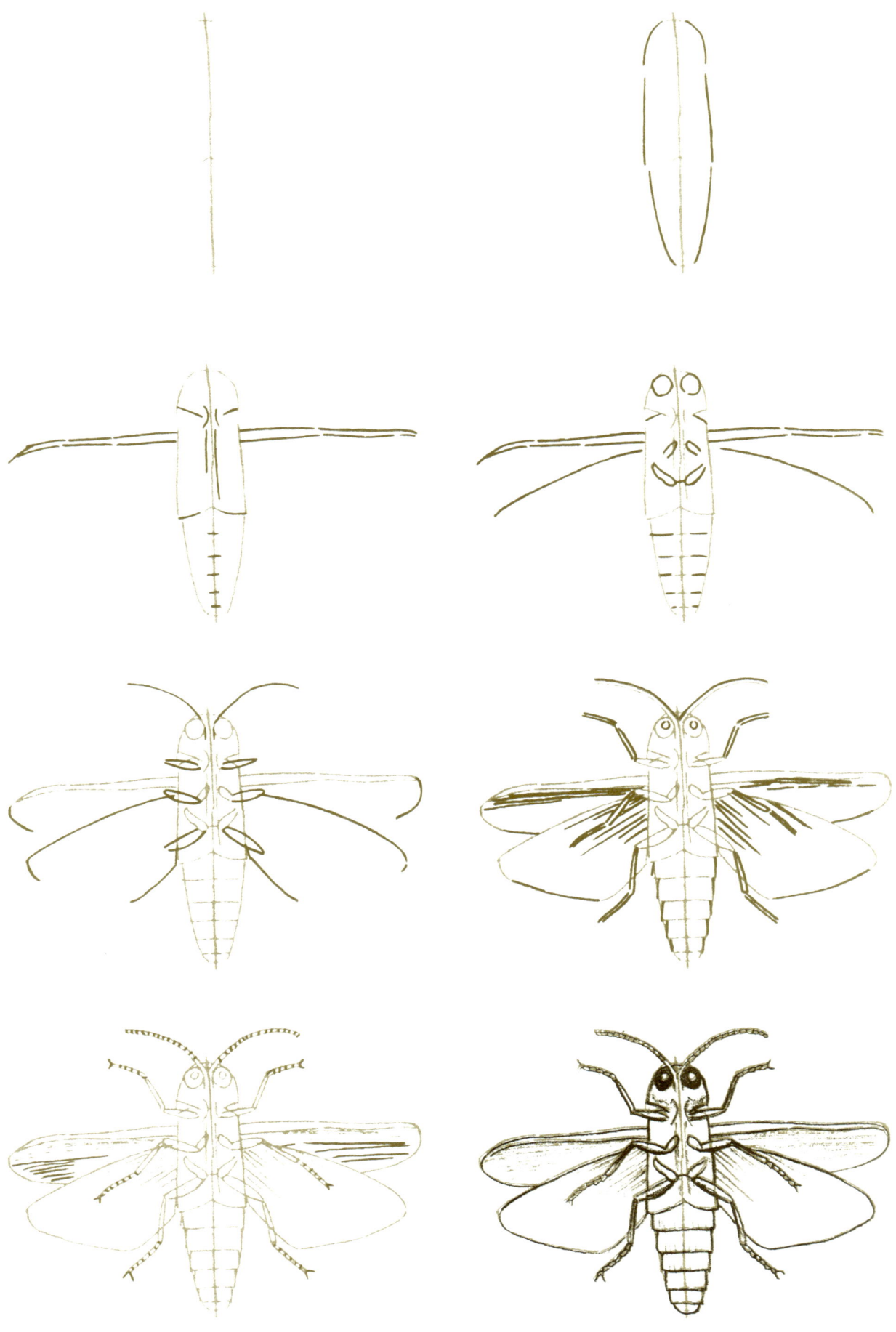

13 Luciérnaga

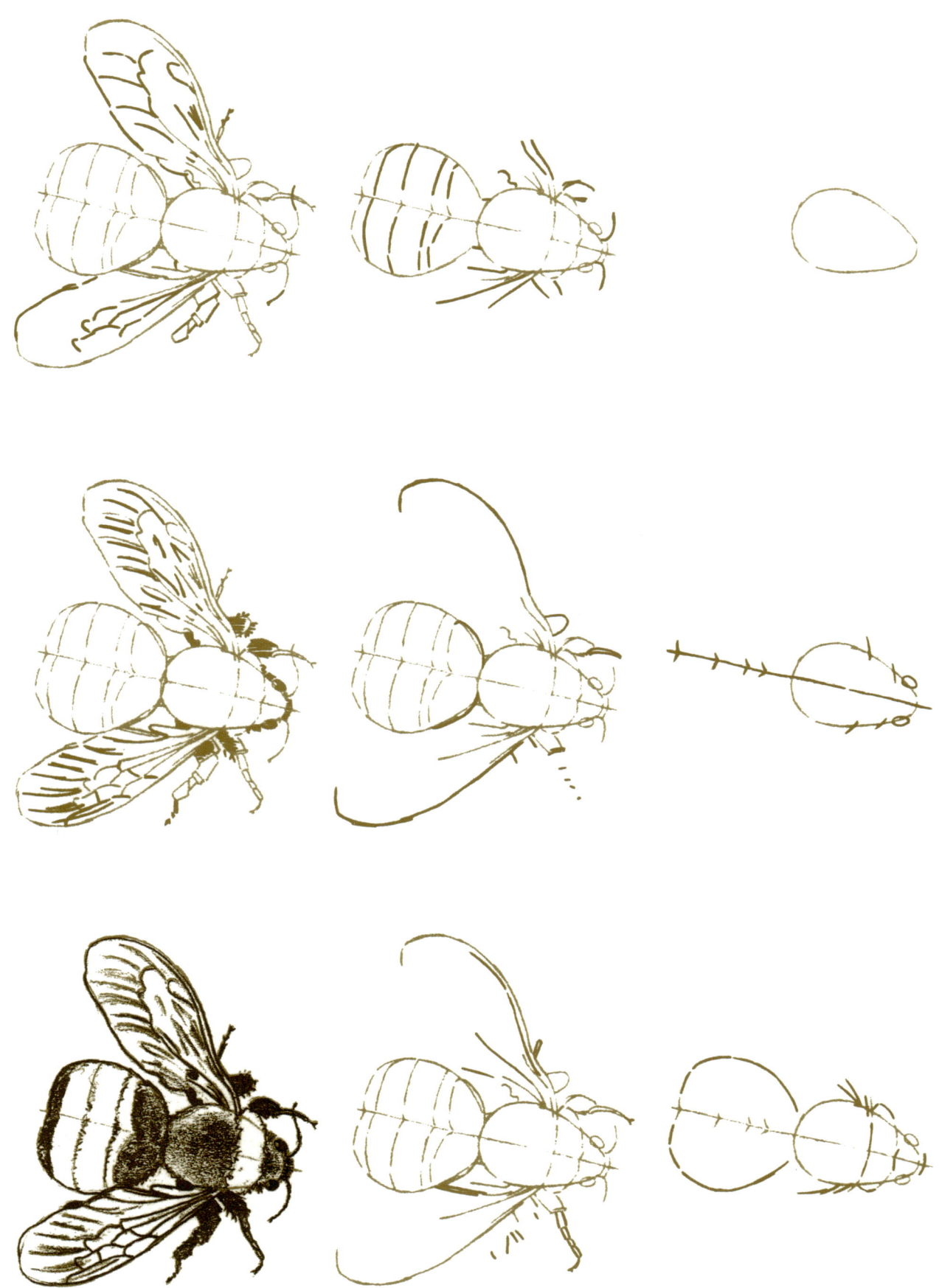

14 Abejorro

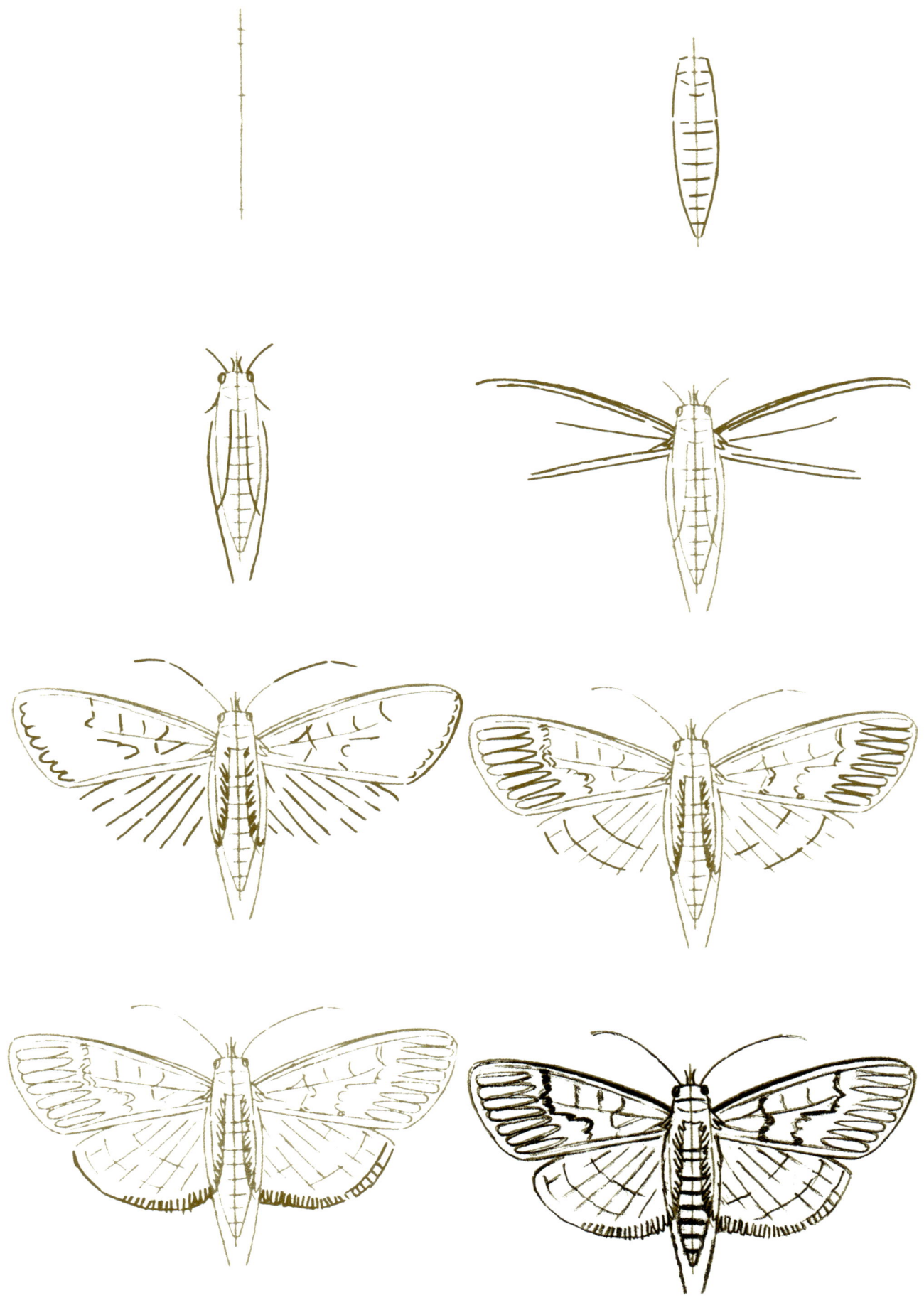

15 Polilla

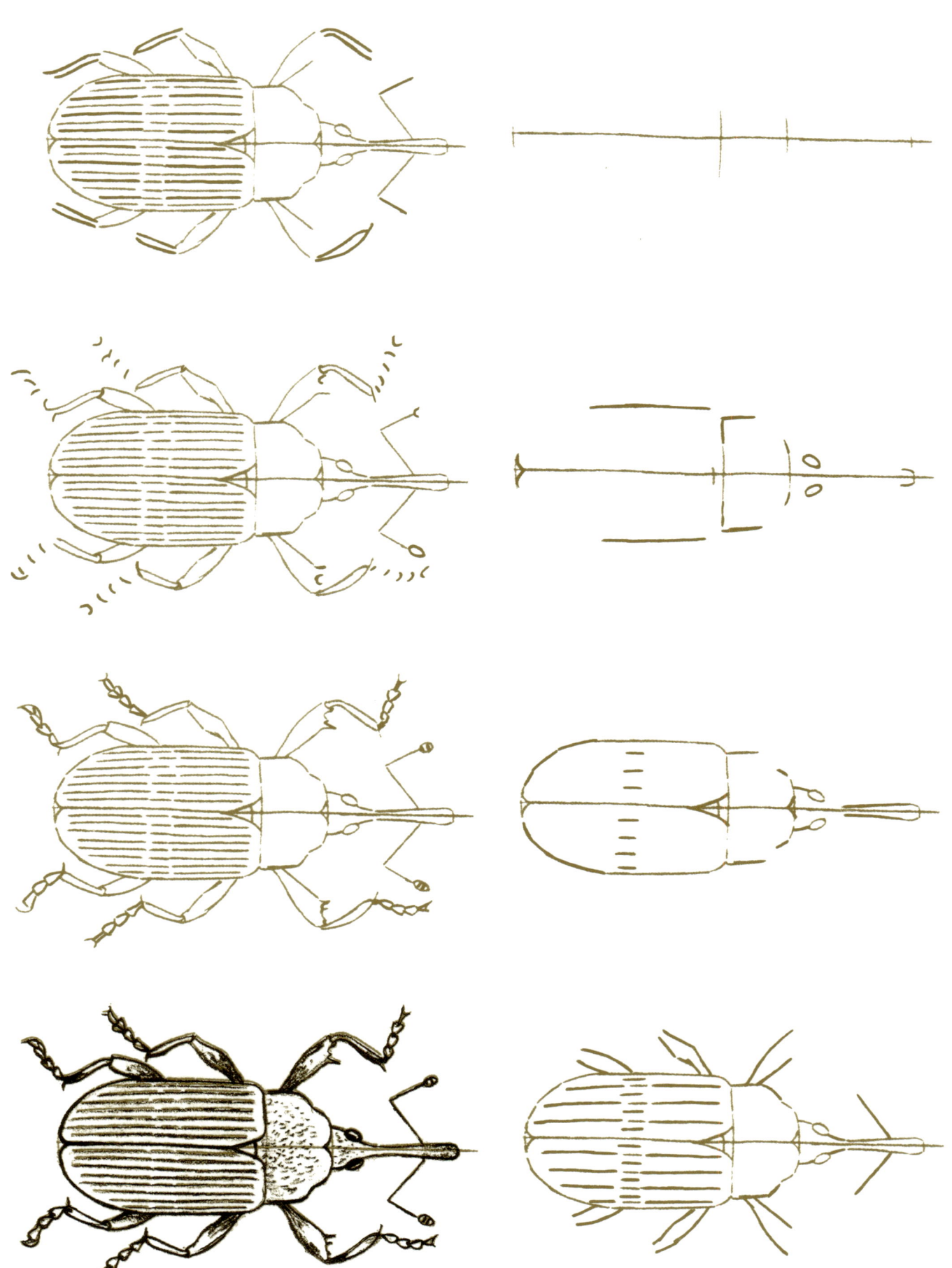

16 Gorgojo

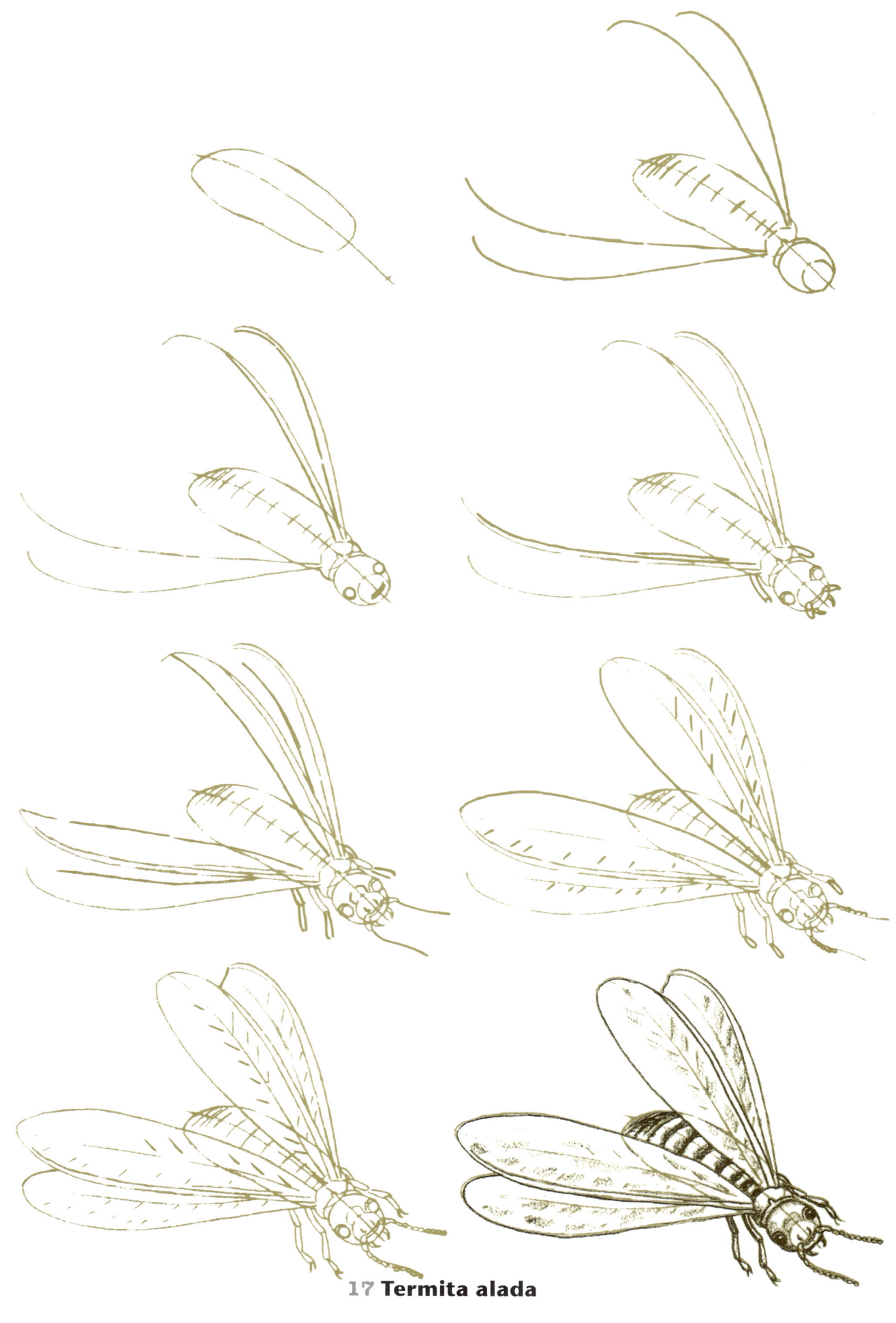

17 Termita alada

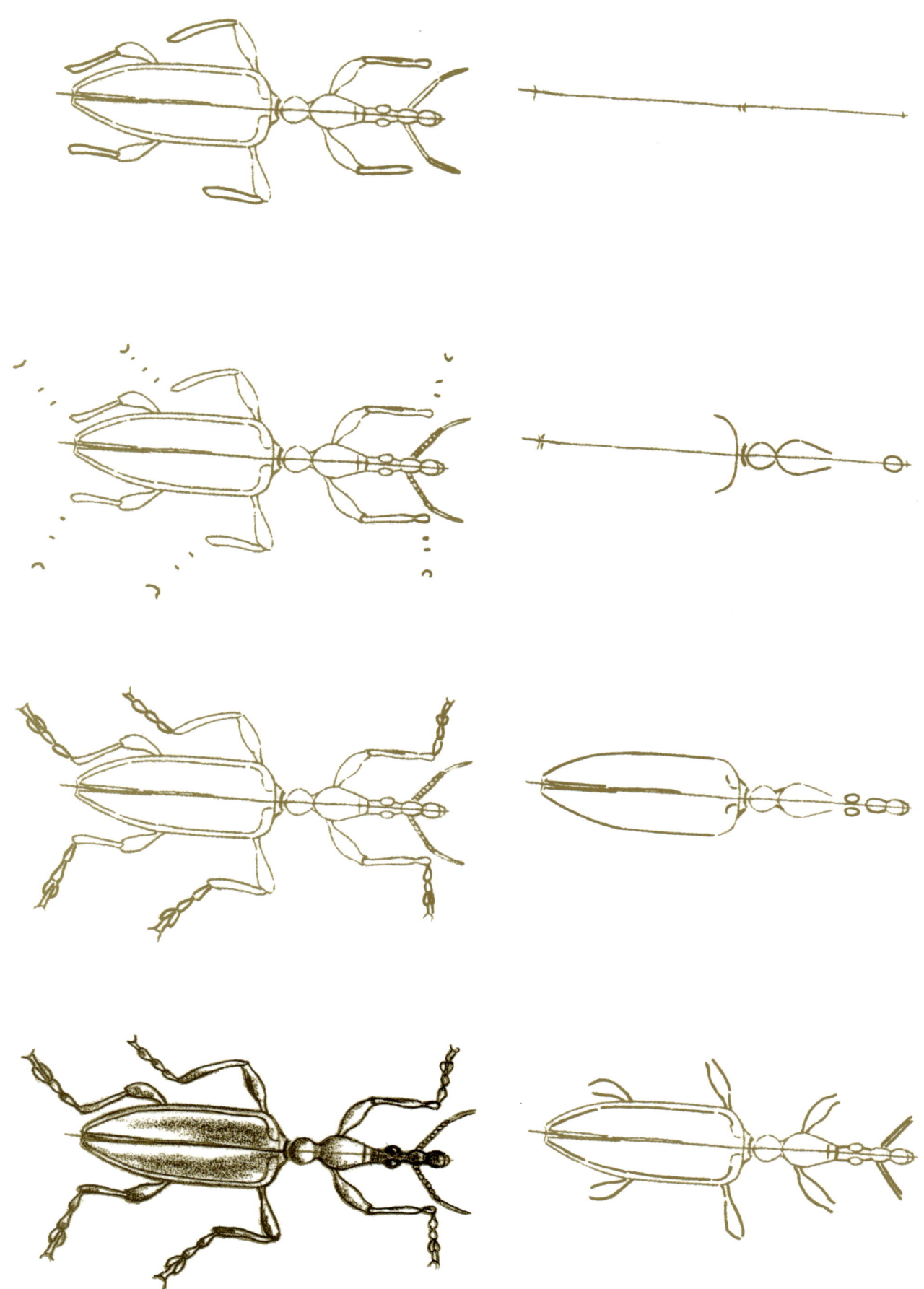

18 Carcoma

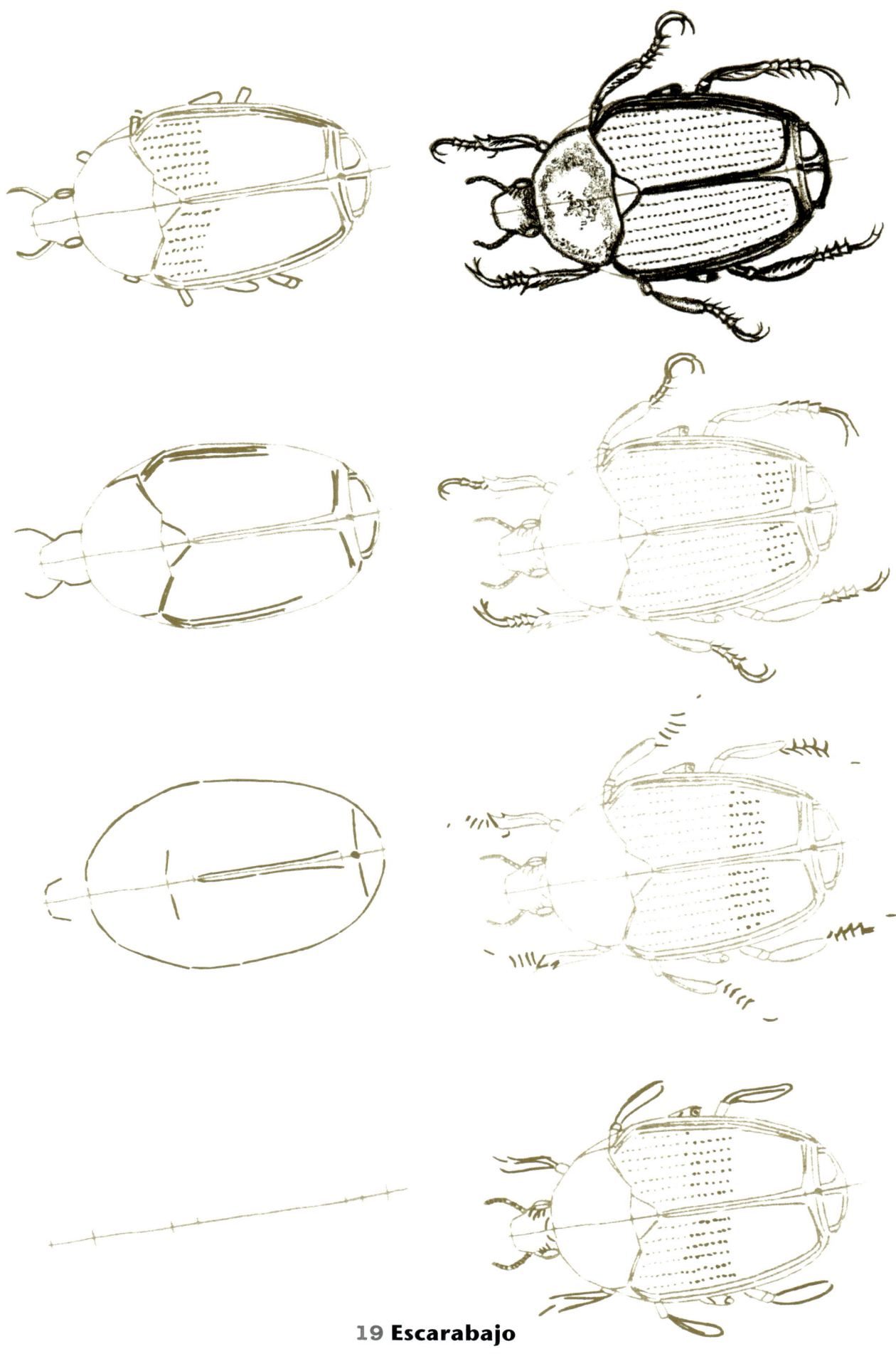

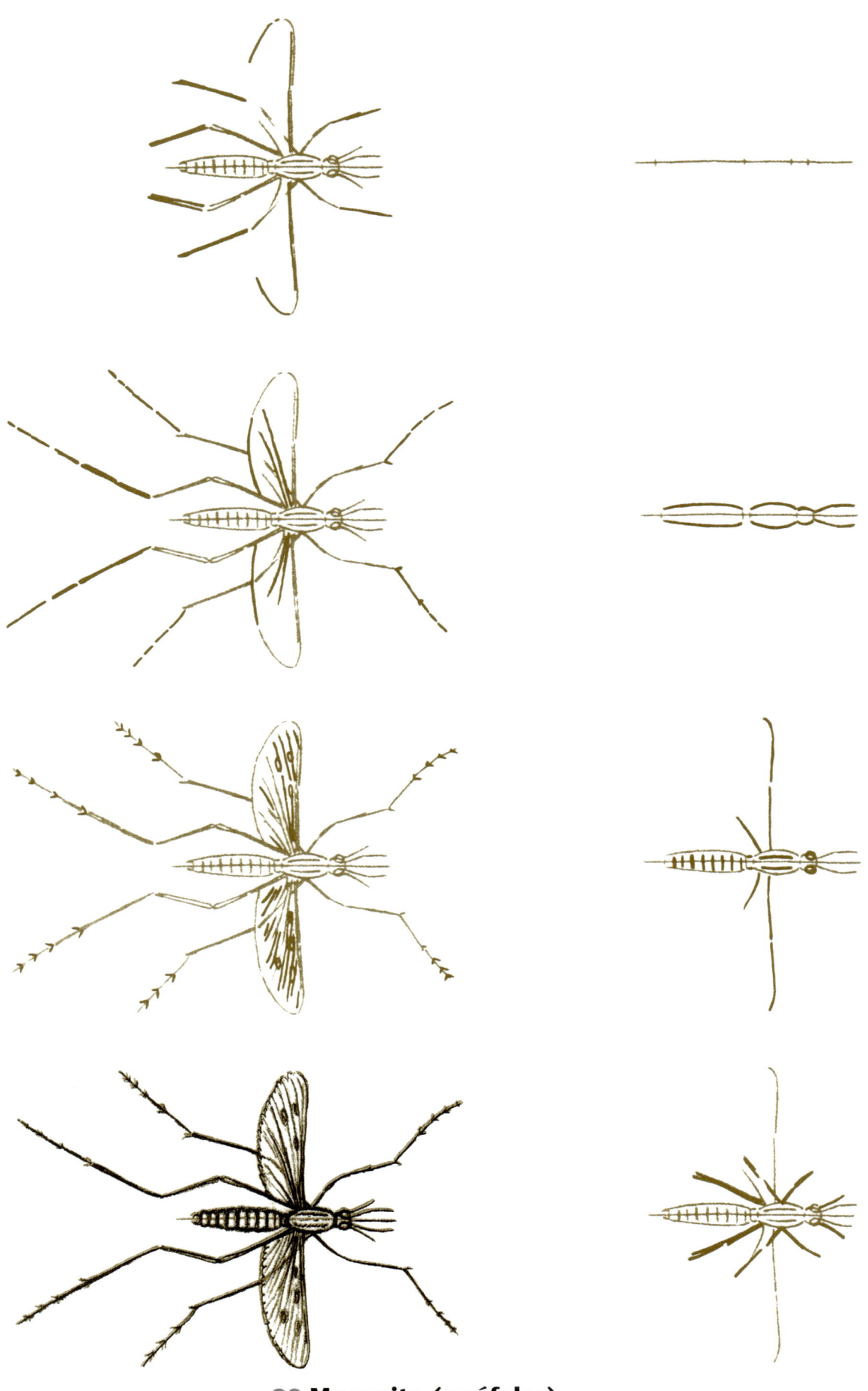

20 Mosquito (anófeles)

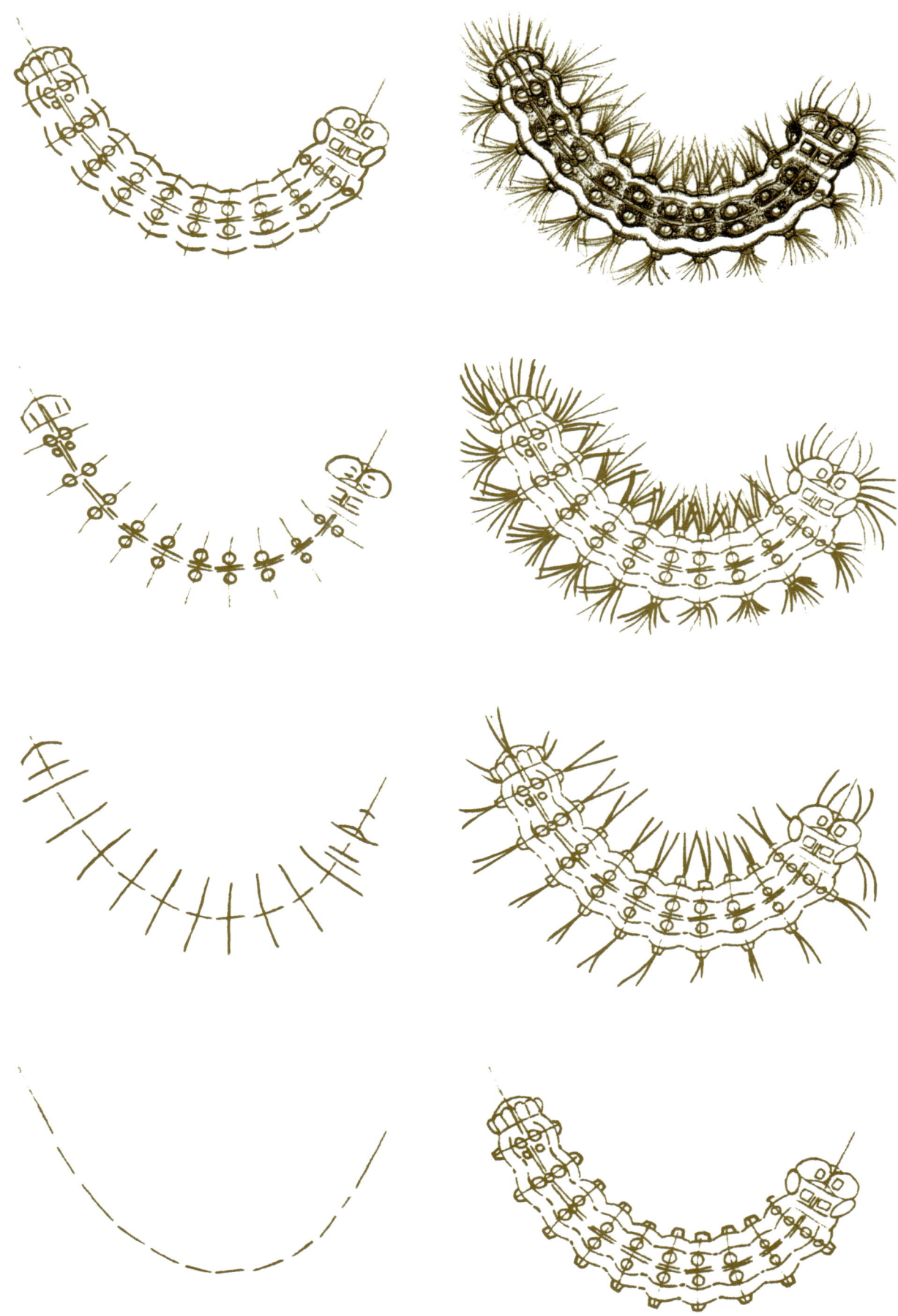

21 Larva de zigzag

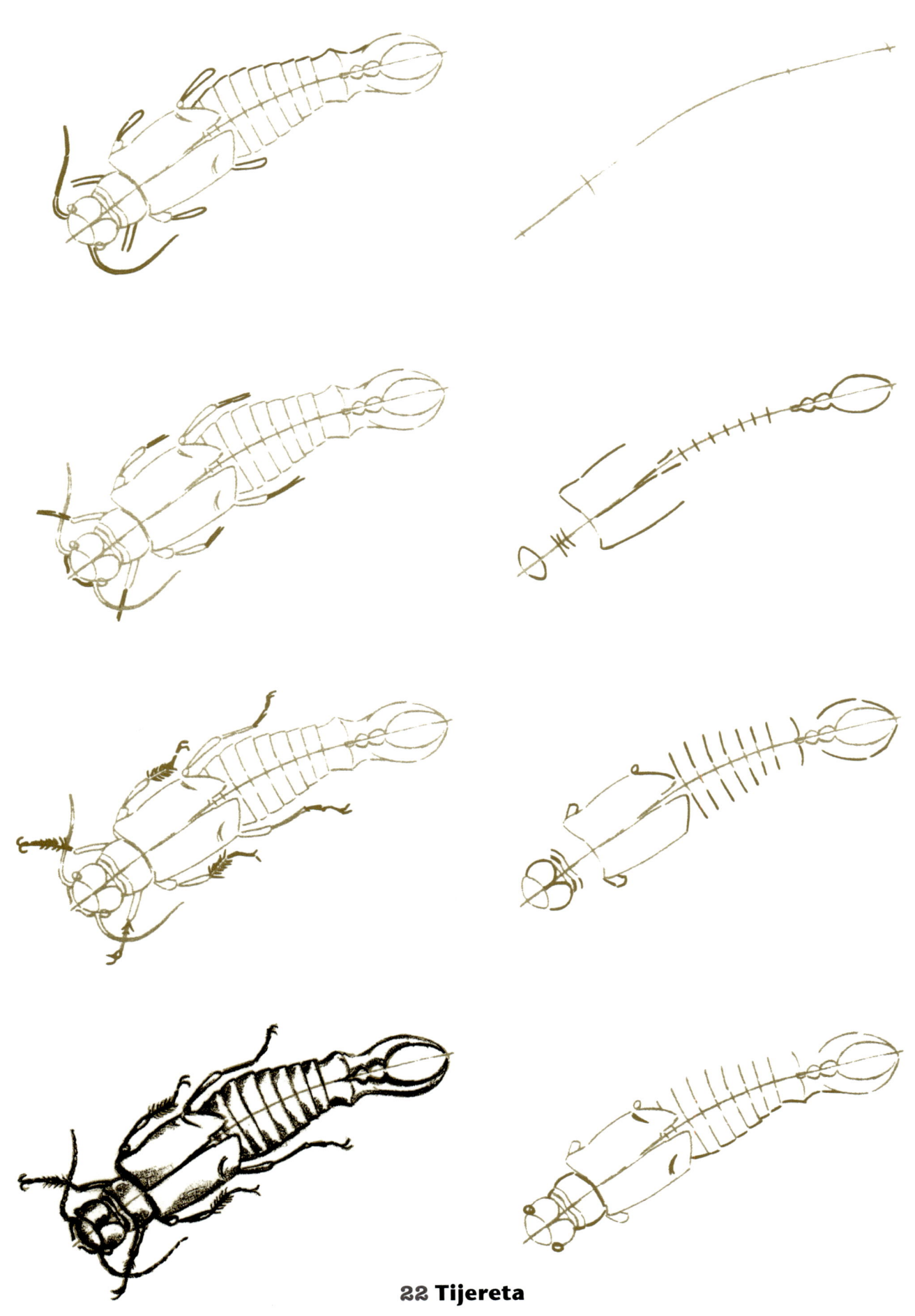

22 Tijereta

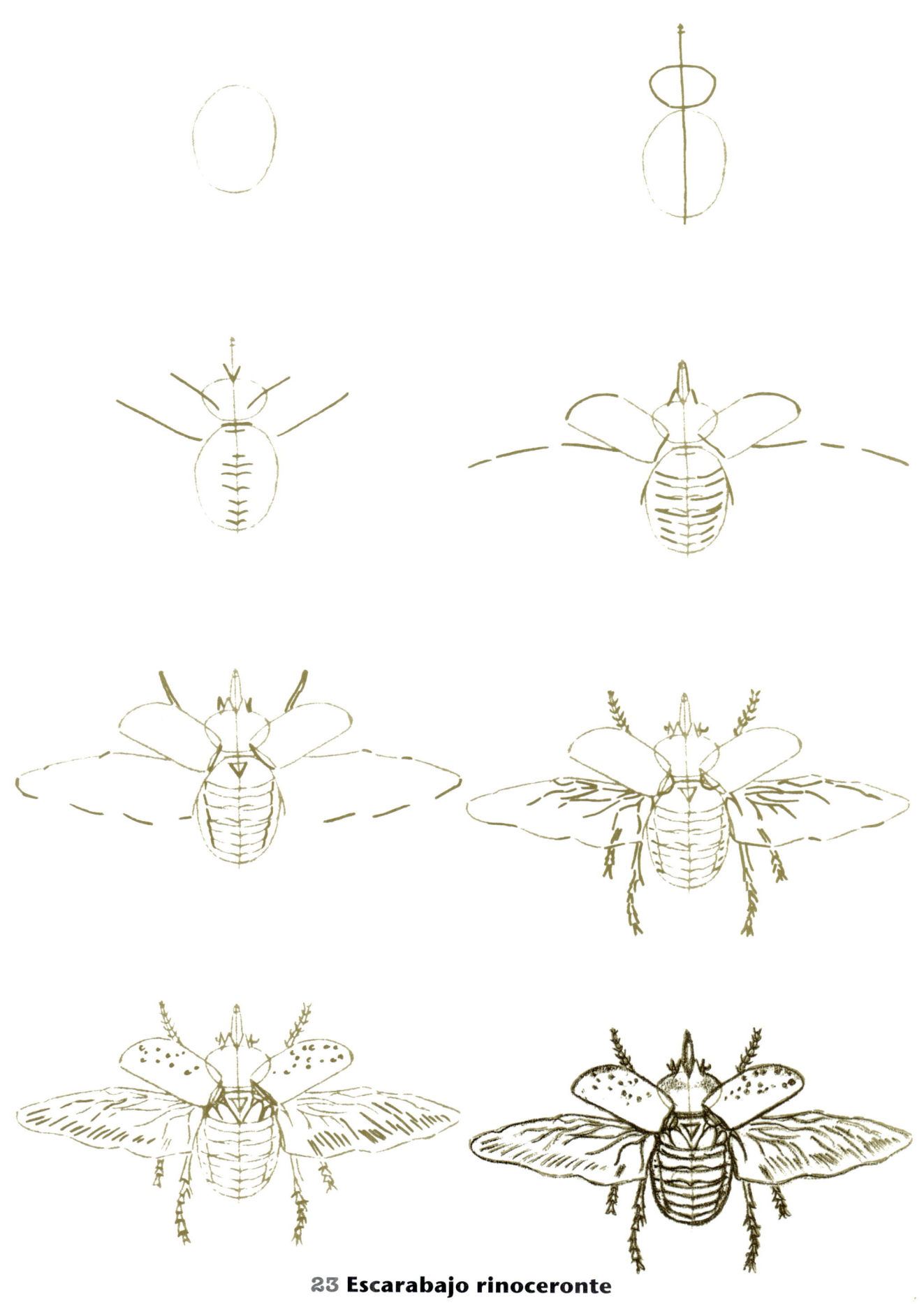

23 Escarabajo rinoceronte

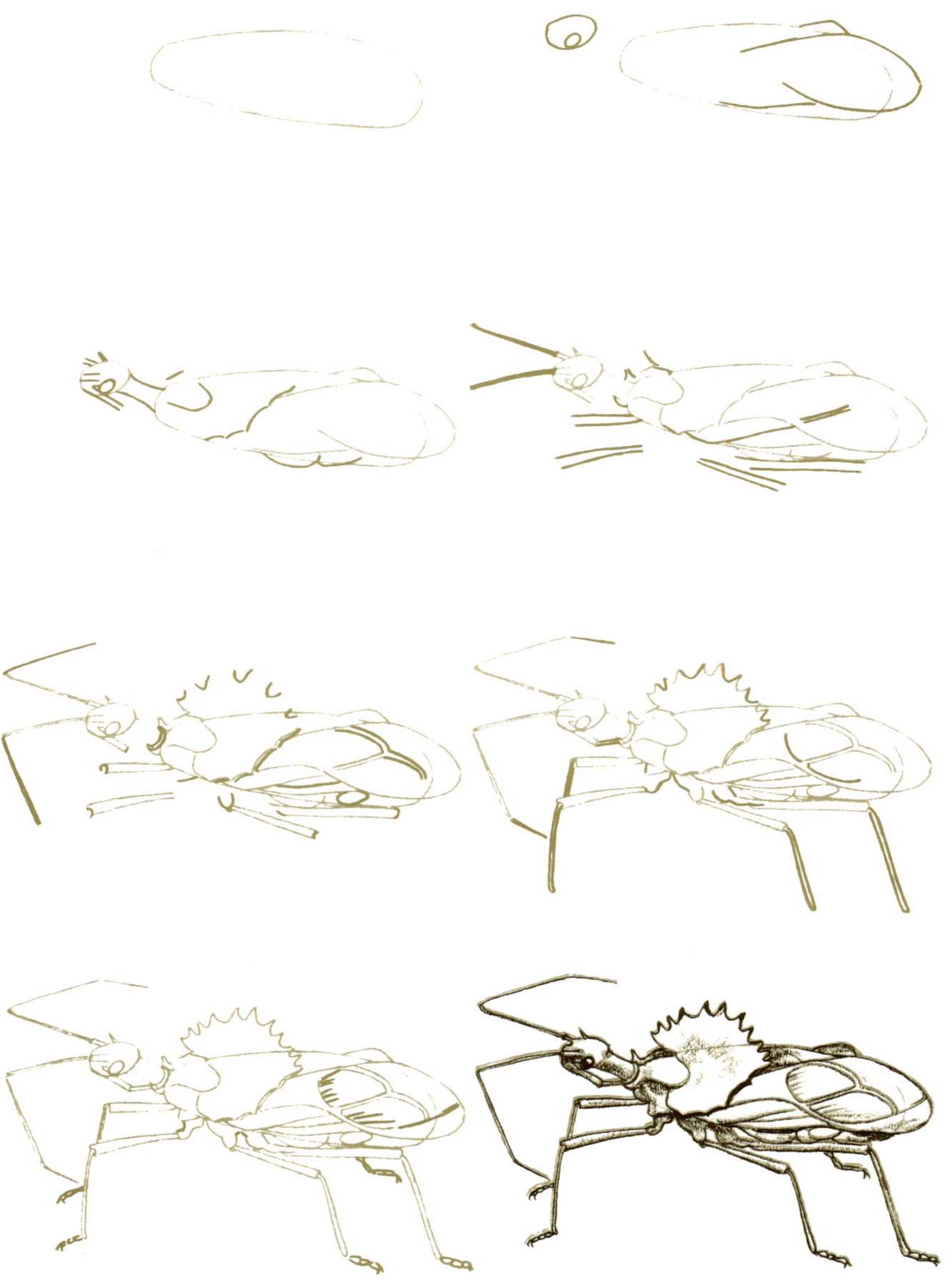

24 Triatoma

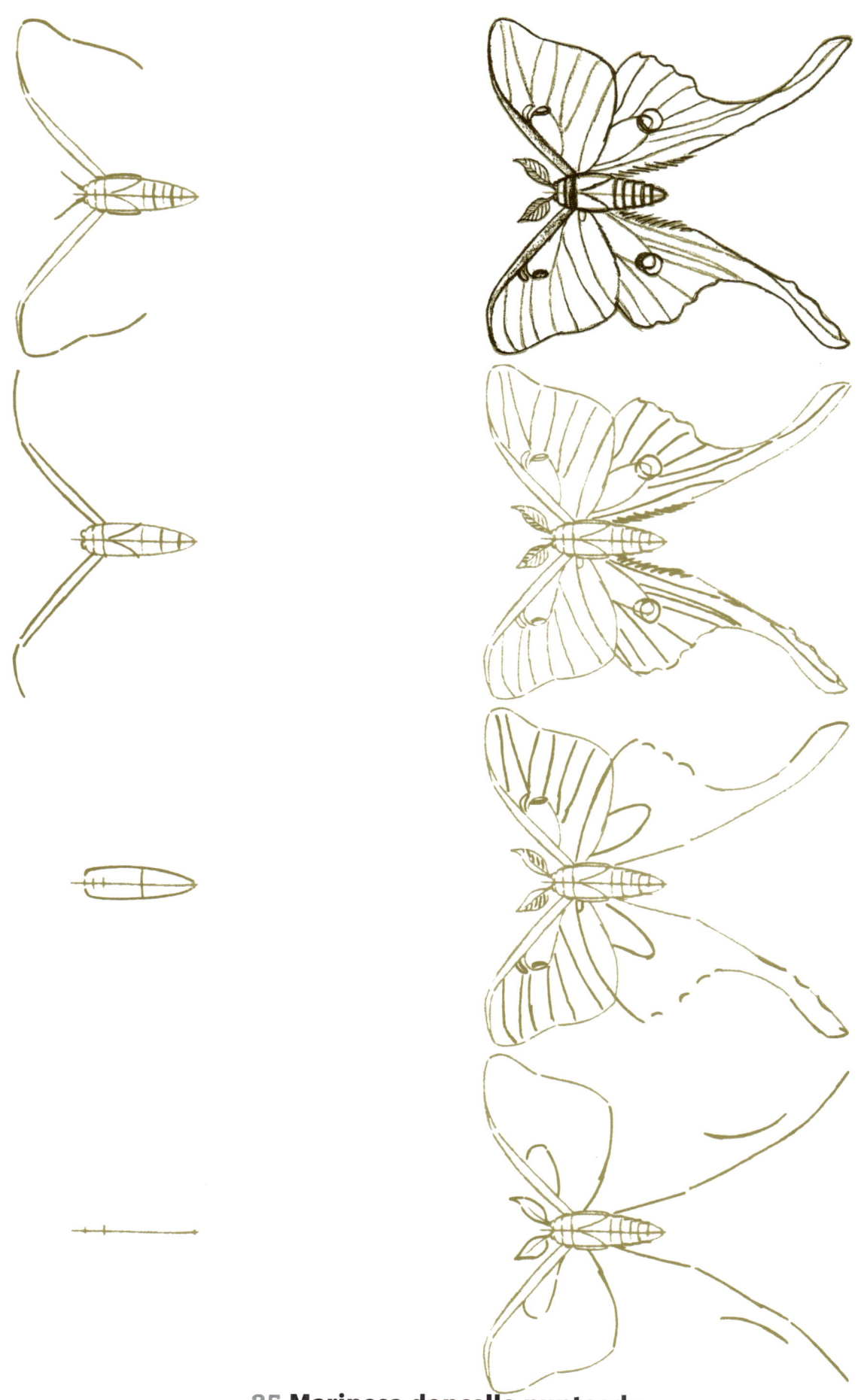

25 Mariposa doncella punteada

26 Insecto palo

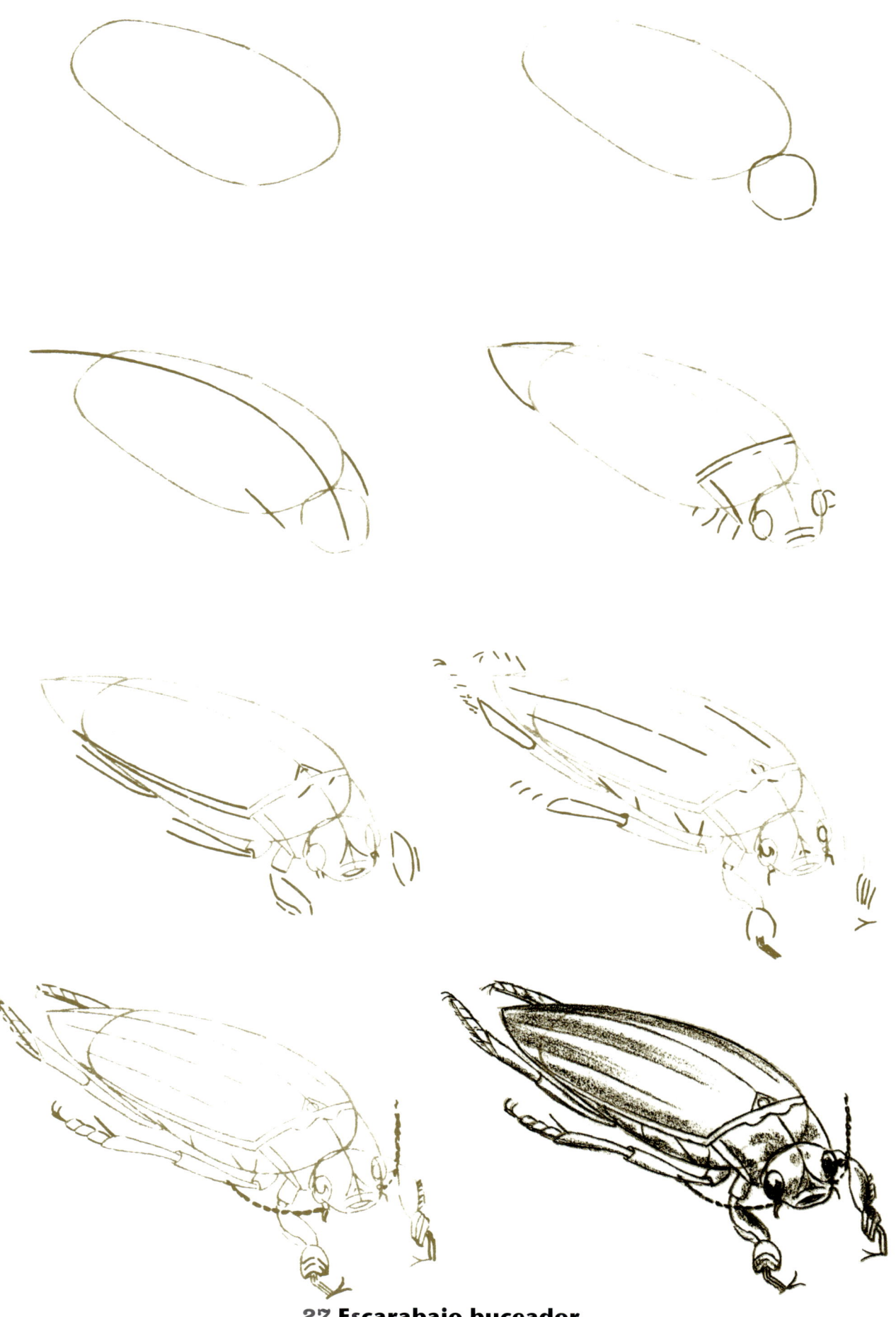

27 Escarabajo buceador

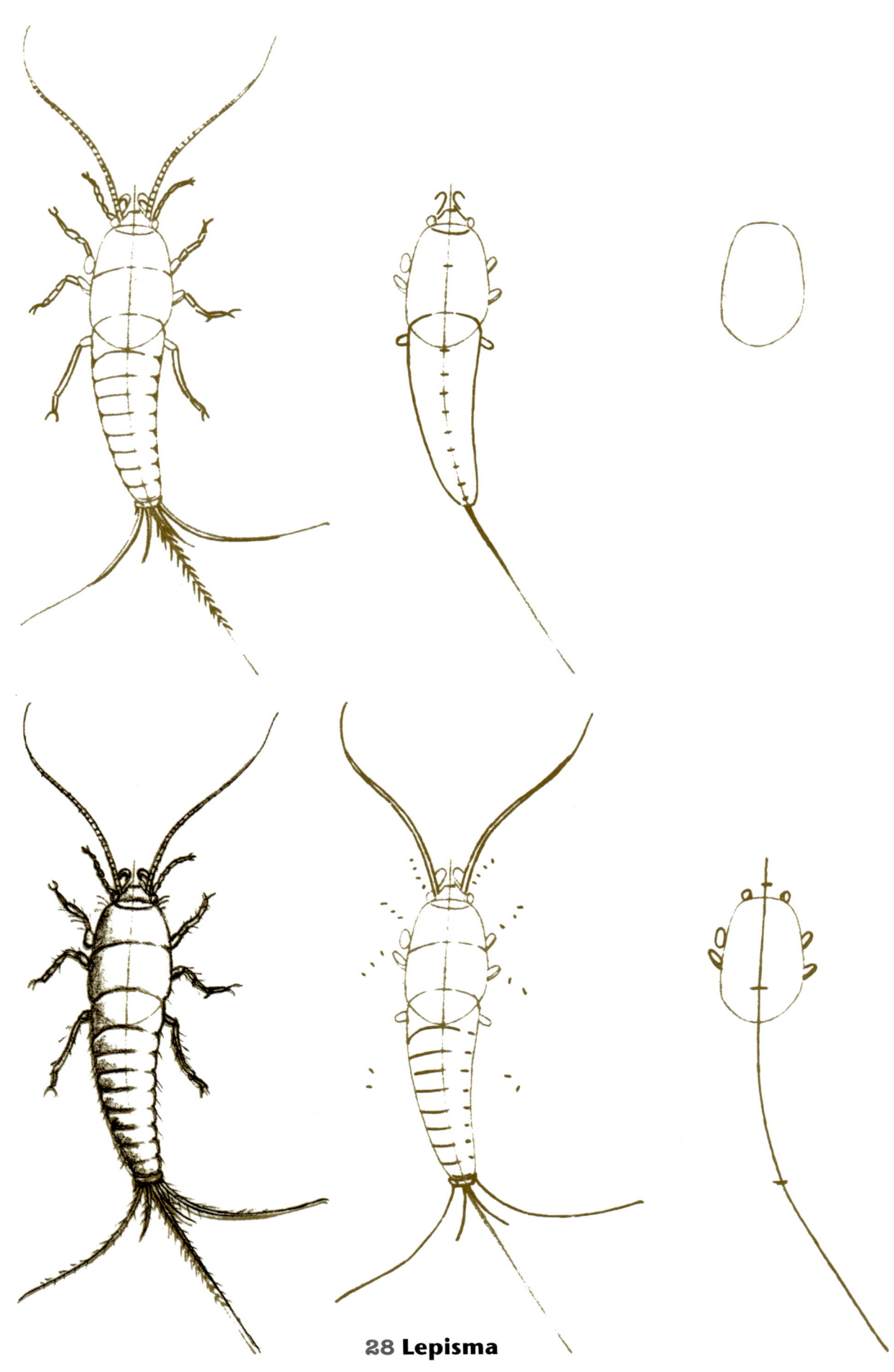

28 Lepisma

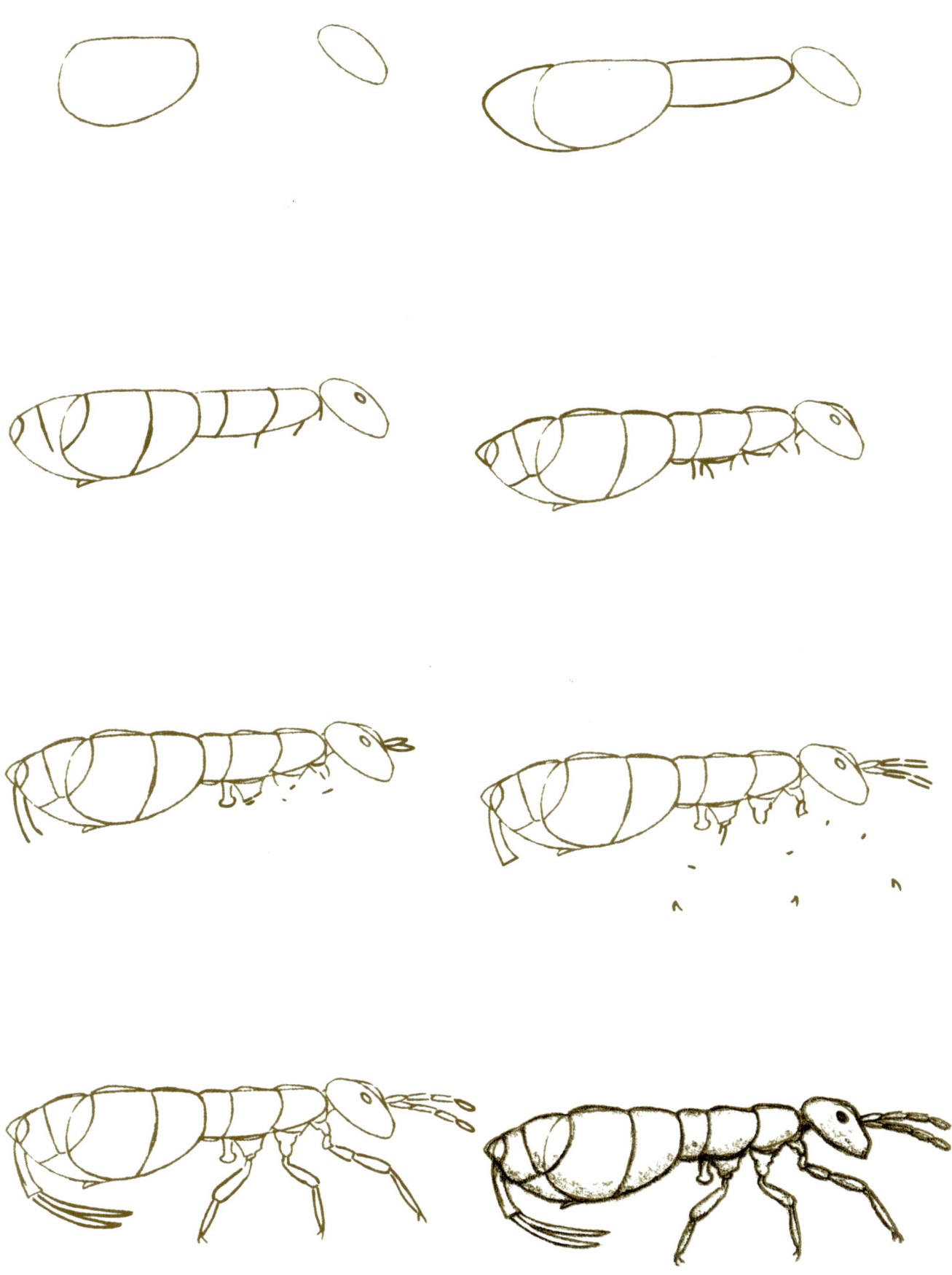

29 Podura

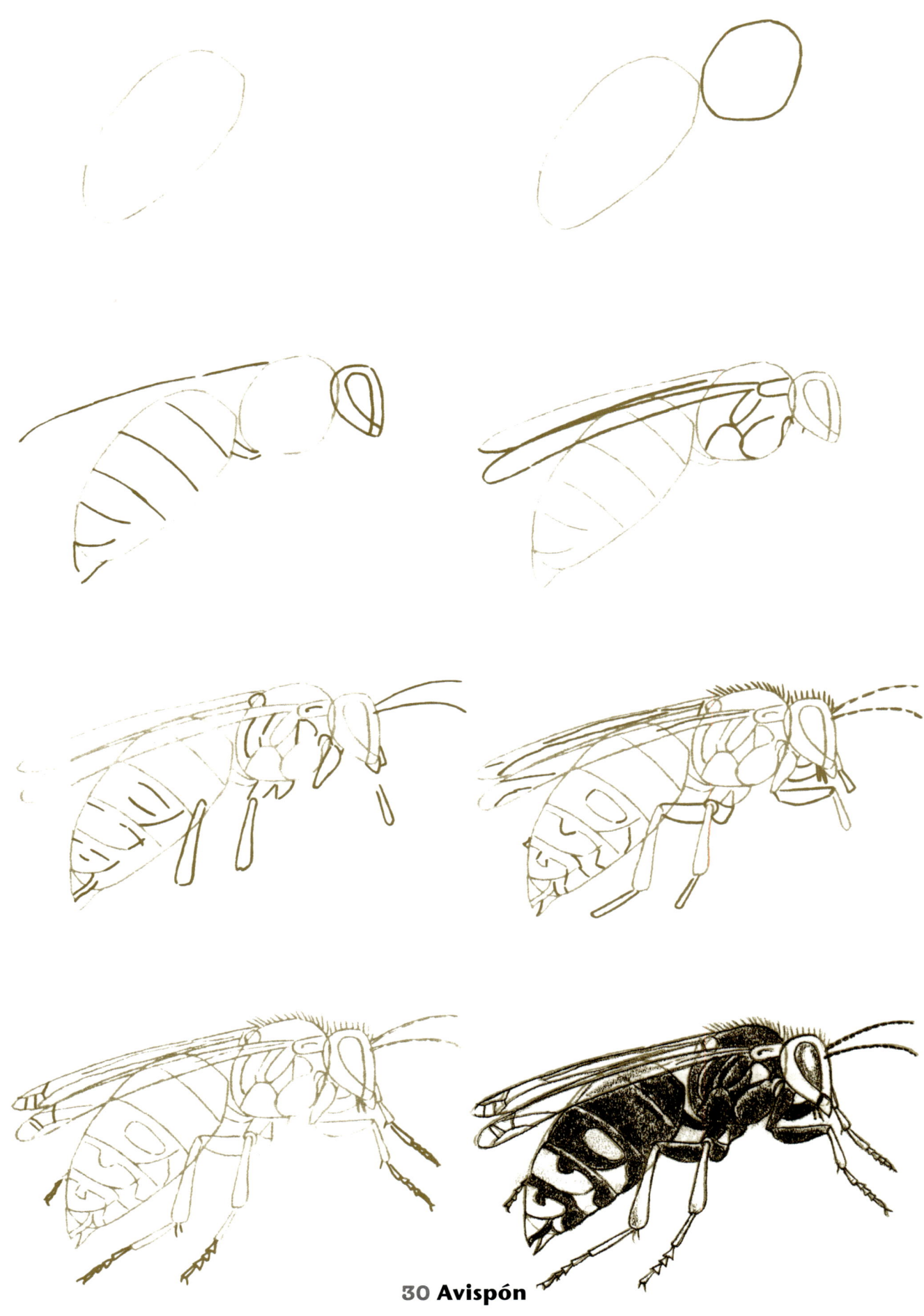

30 Avispón

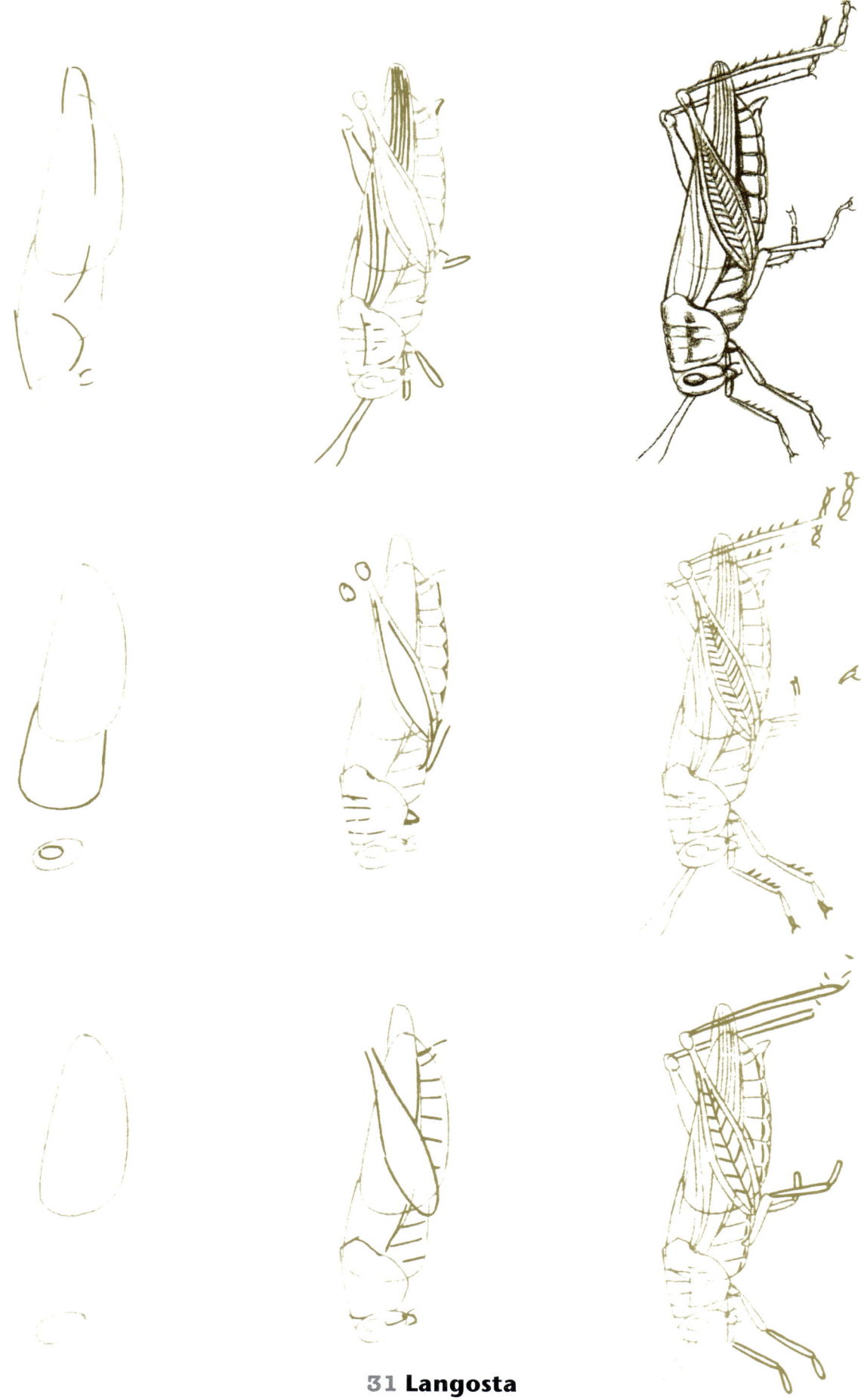

31 Langosta

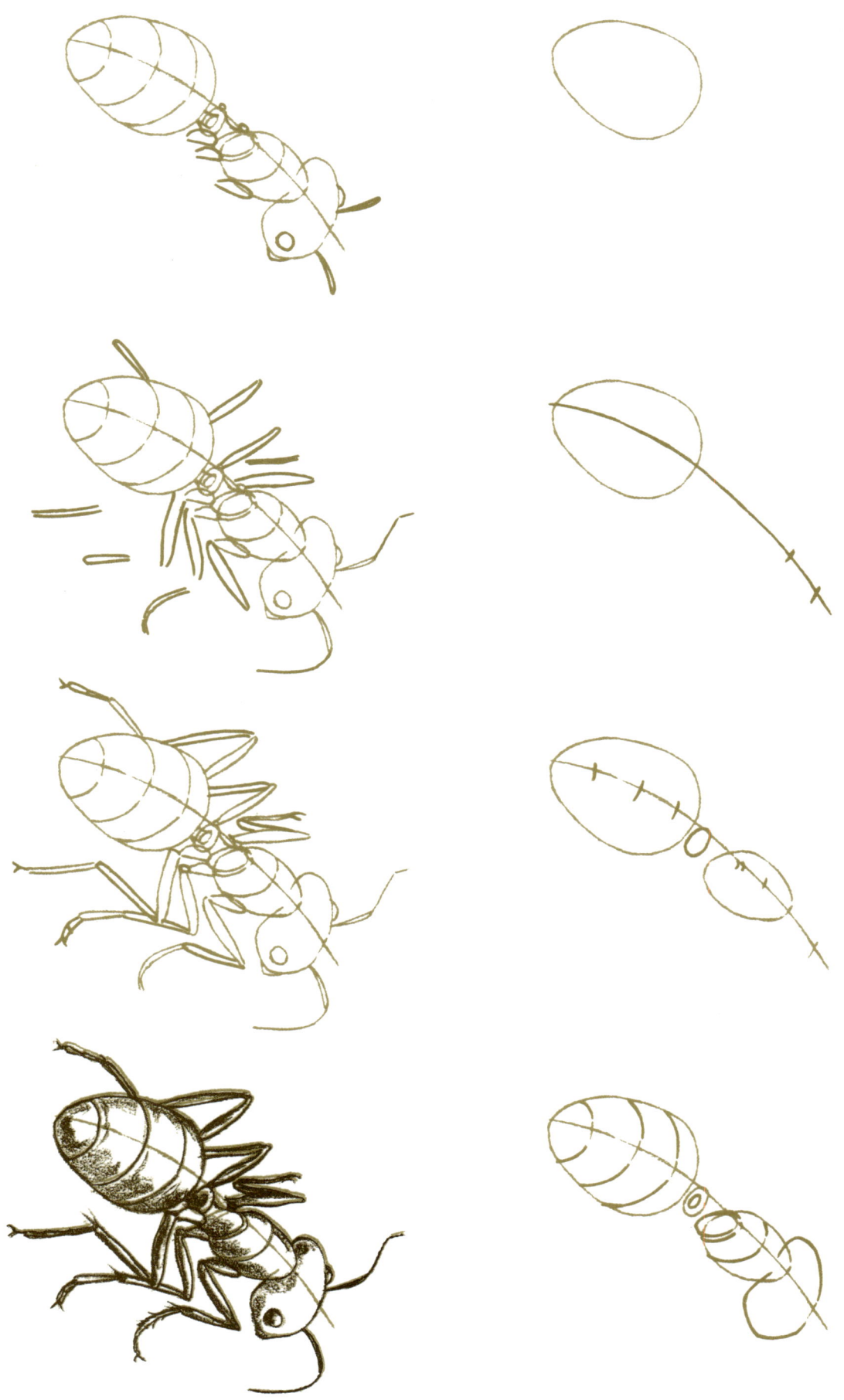

32 Hormiga

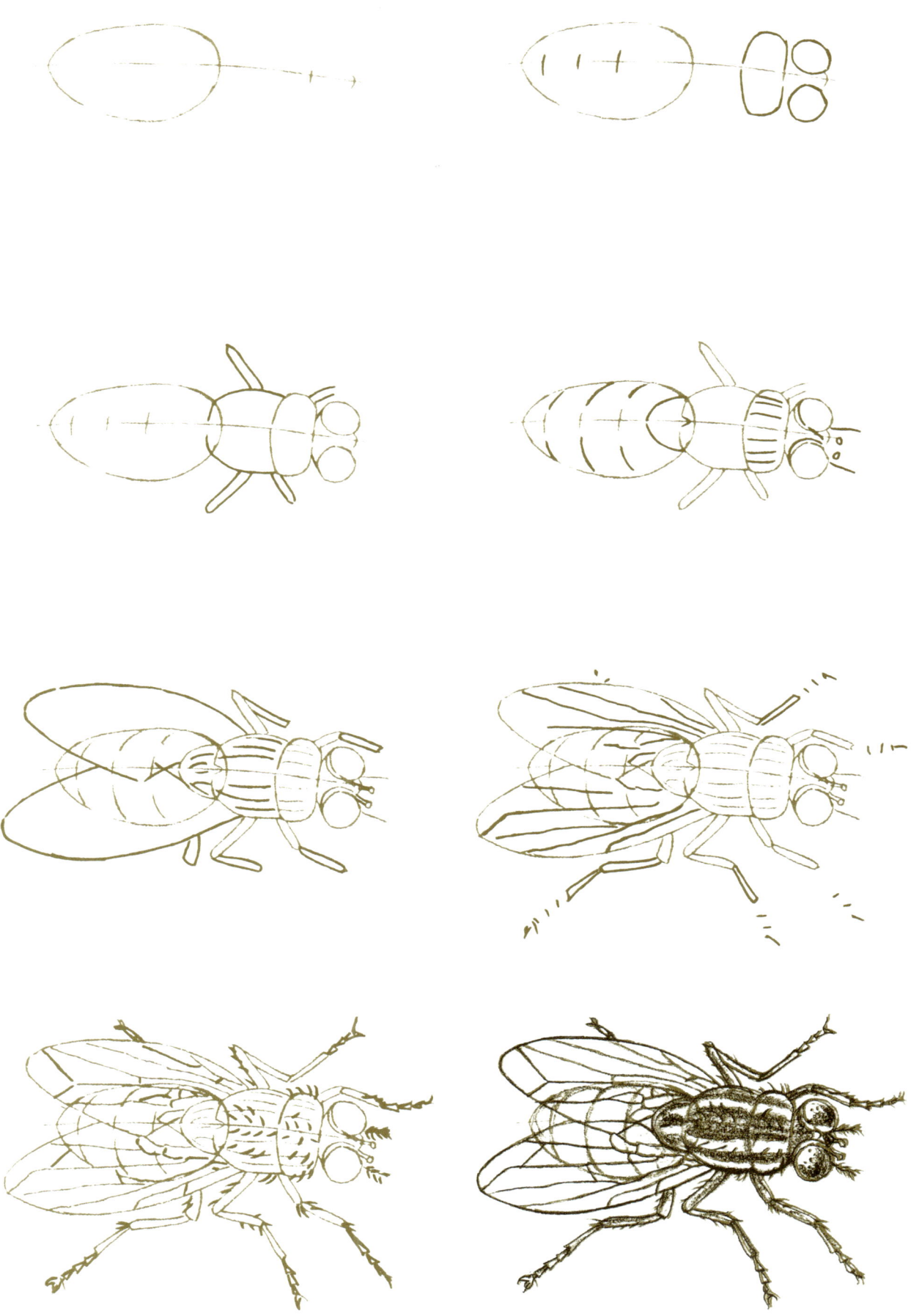

33 Mosca

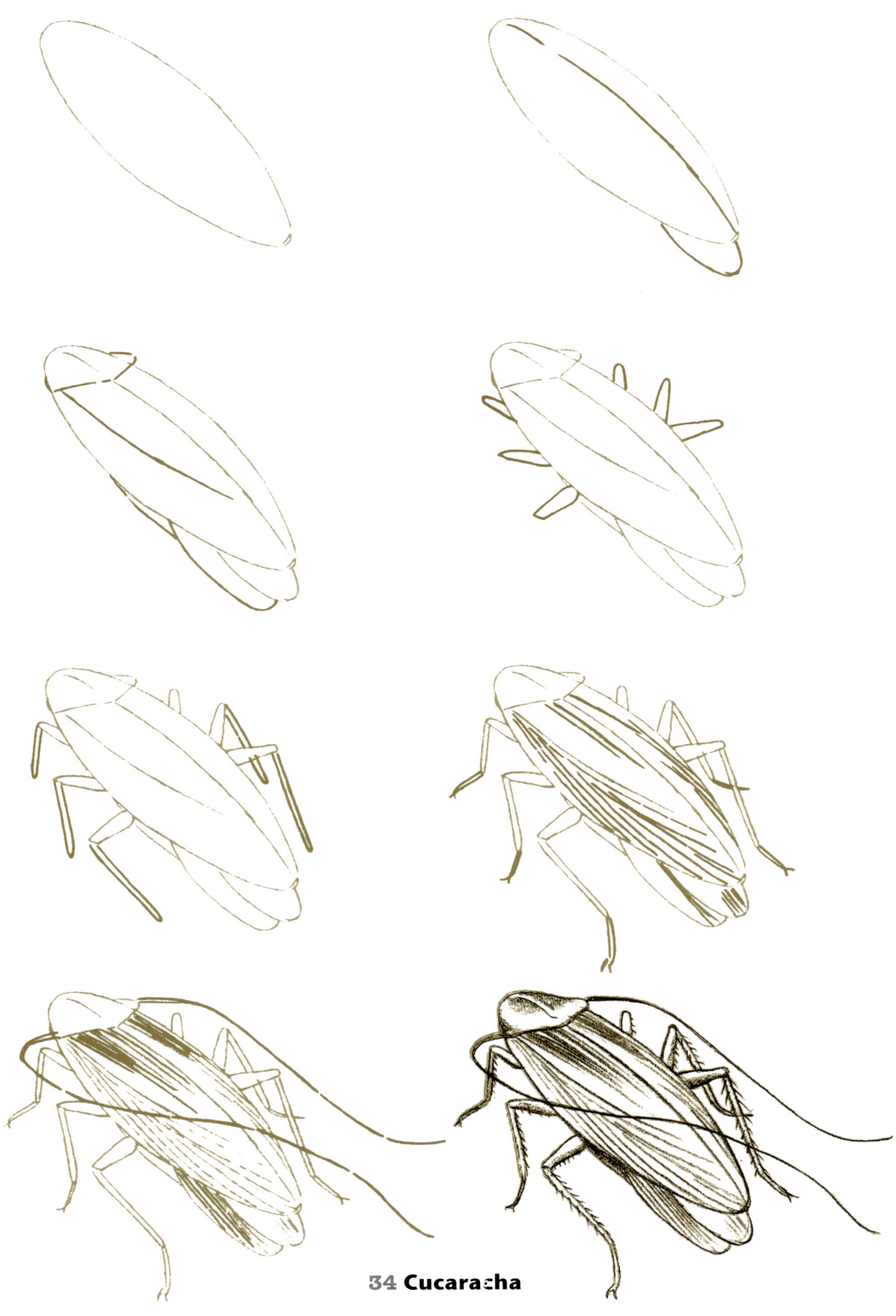

34 Cucaracha

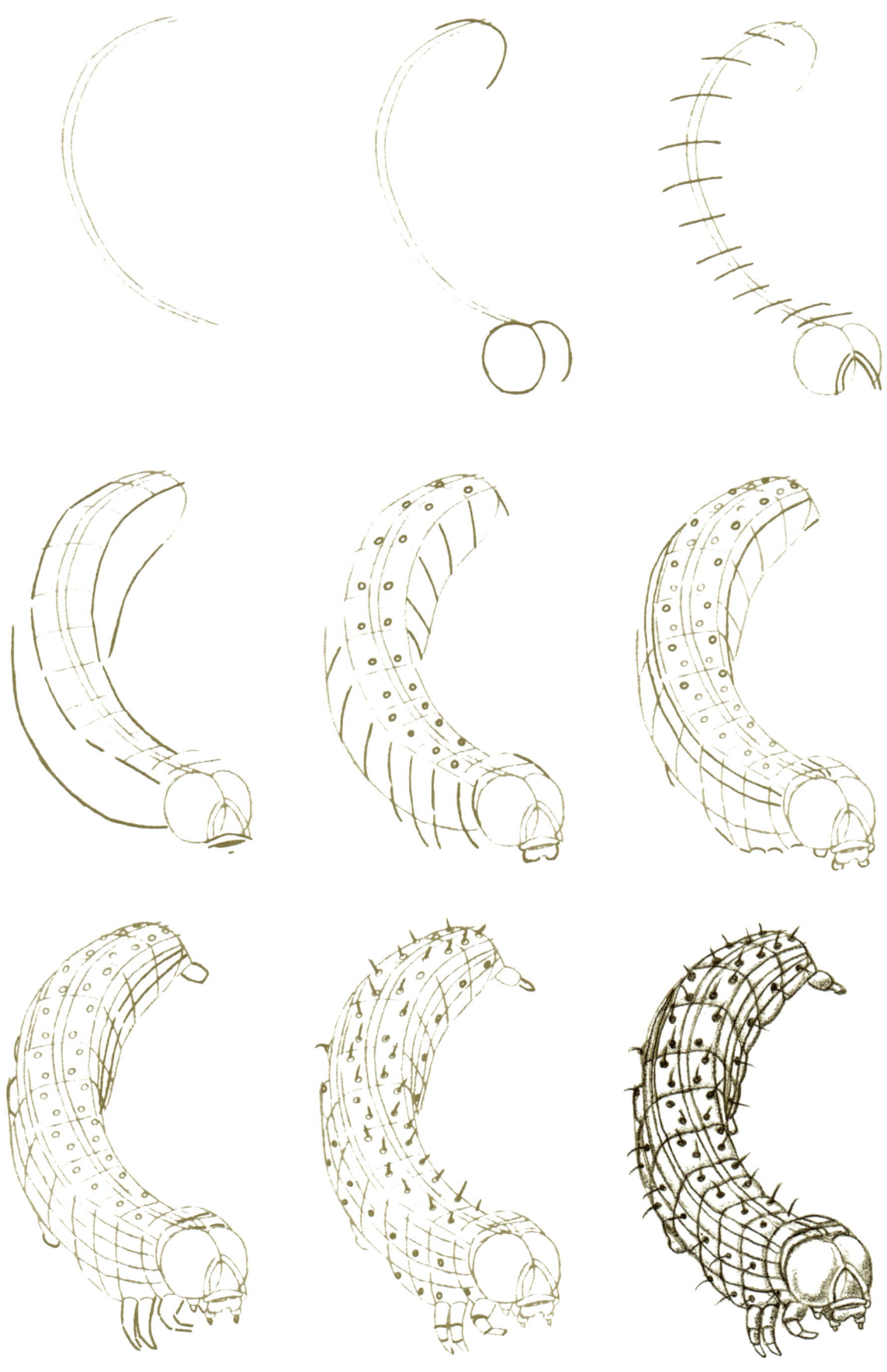

35 Oruga militar

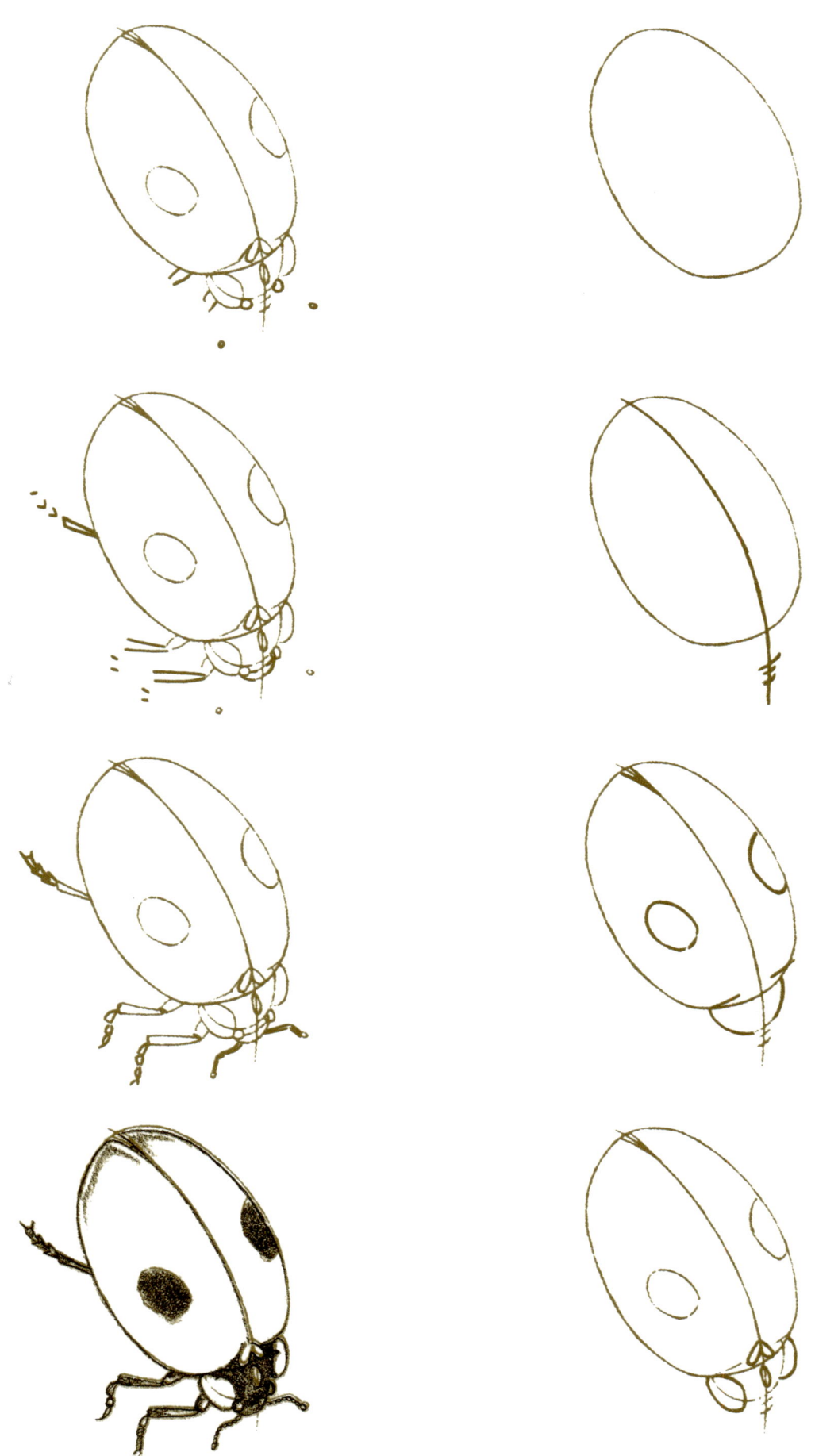

36 Mariquita

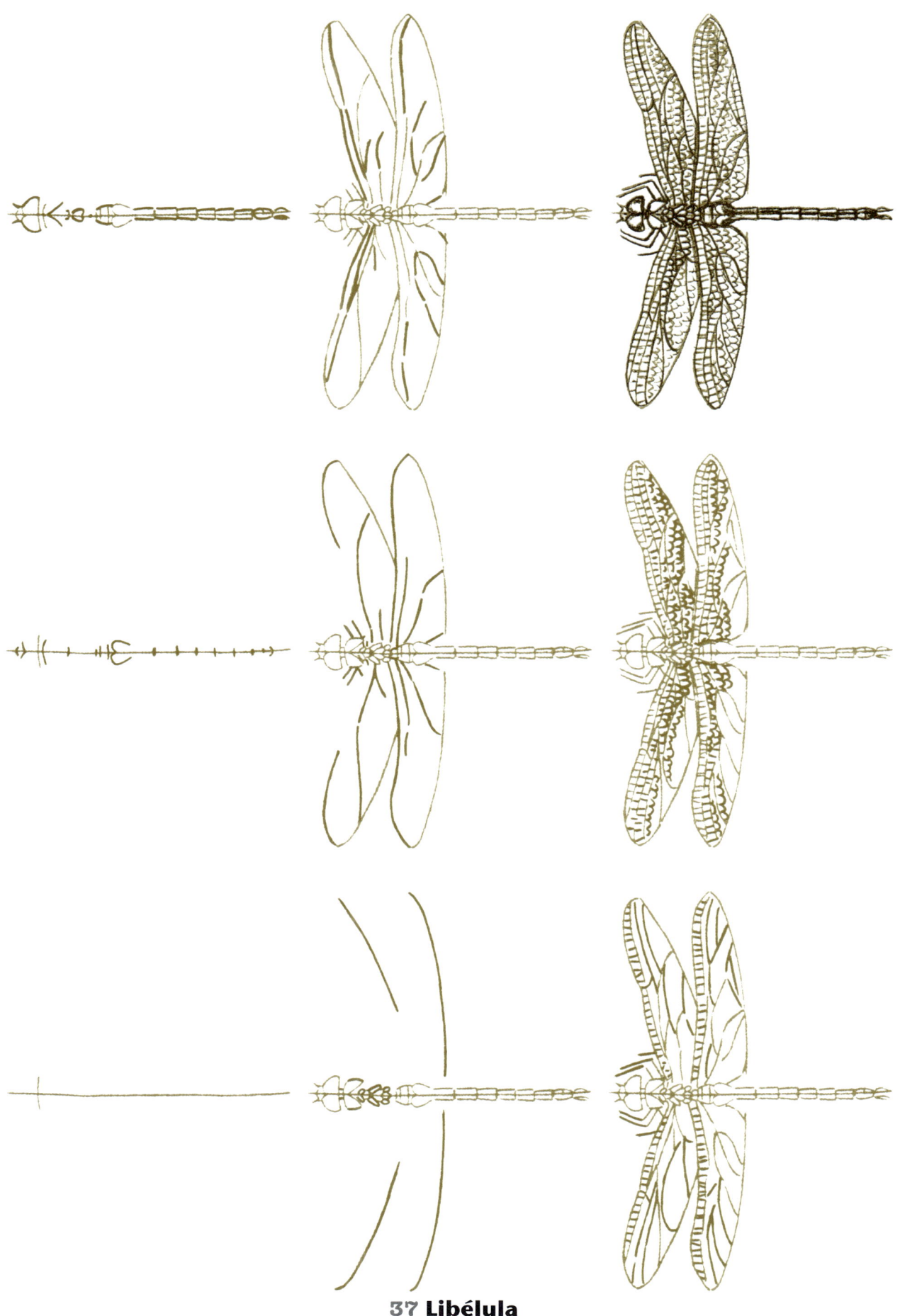

37 Libélula

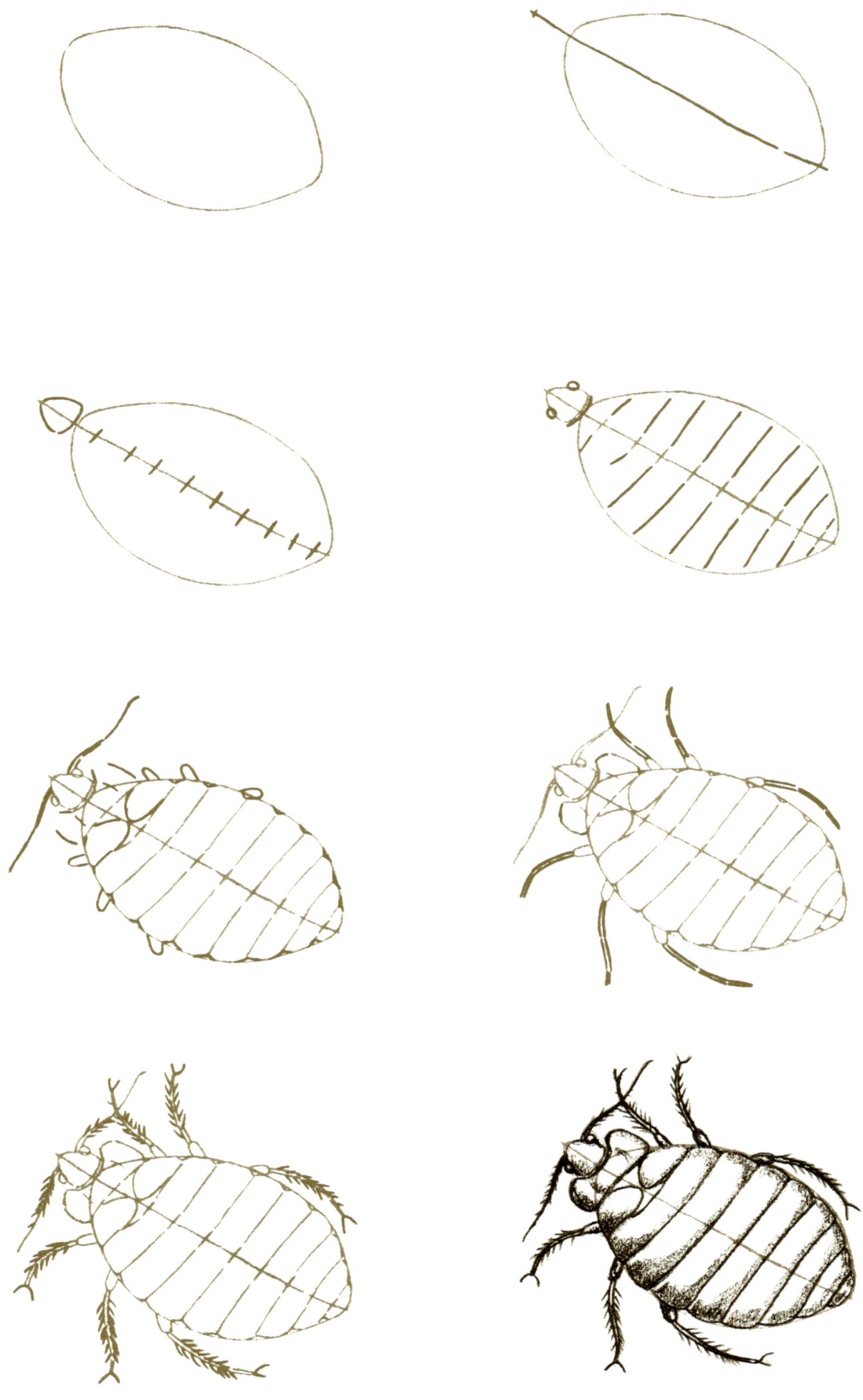

38 Chinche

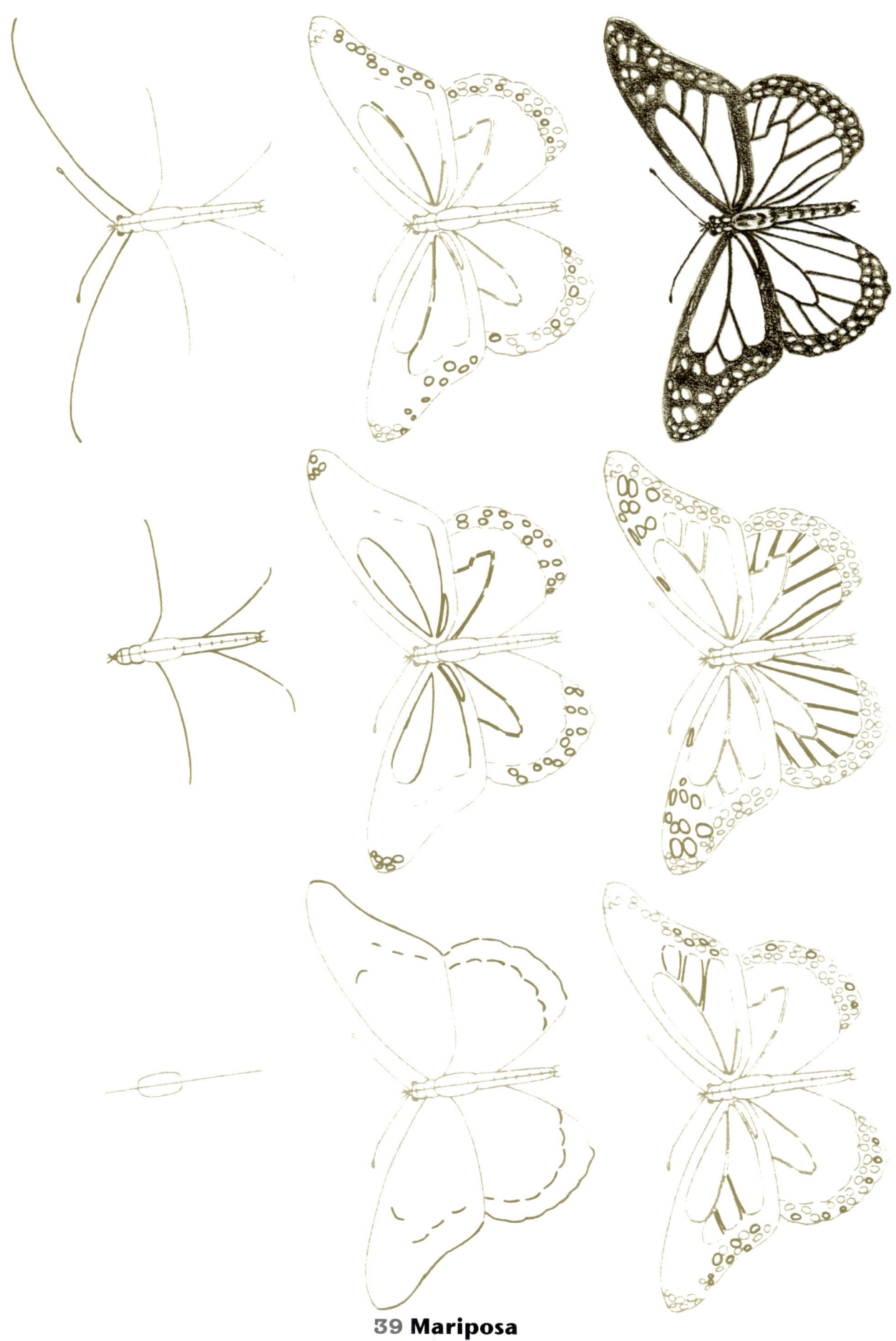

39 Mariposa

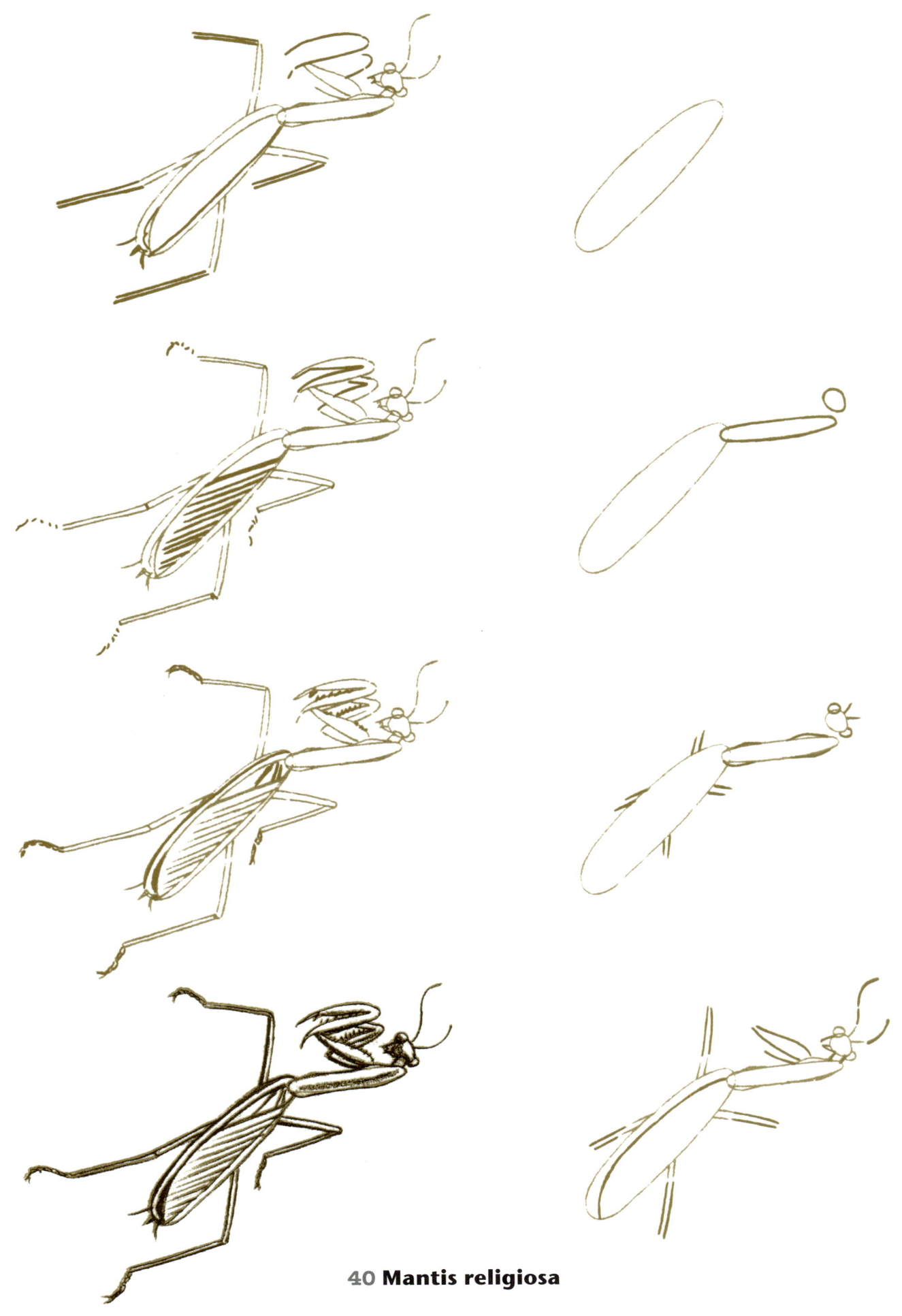

40 Mantis religiosa

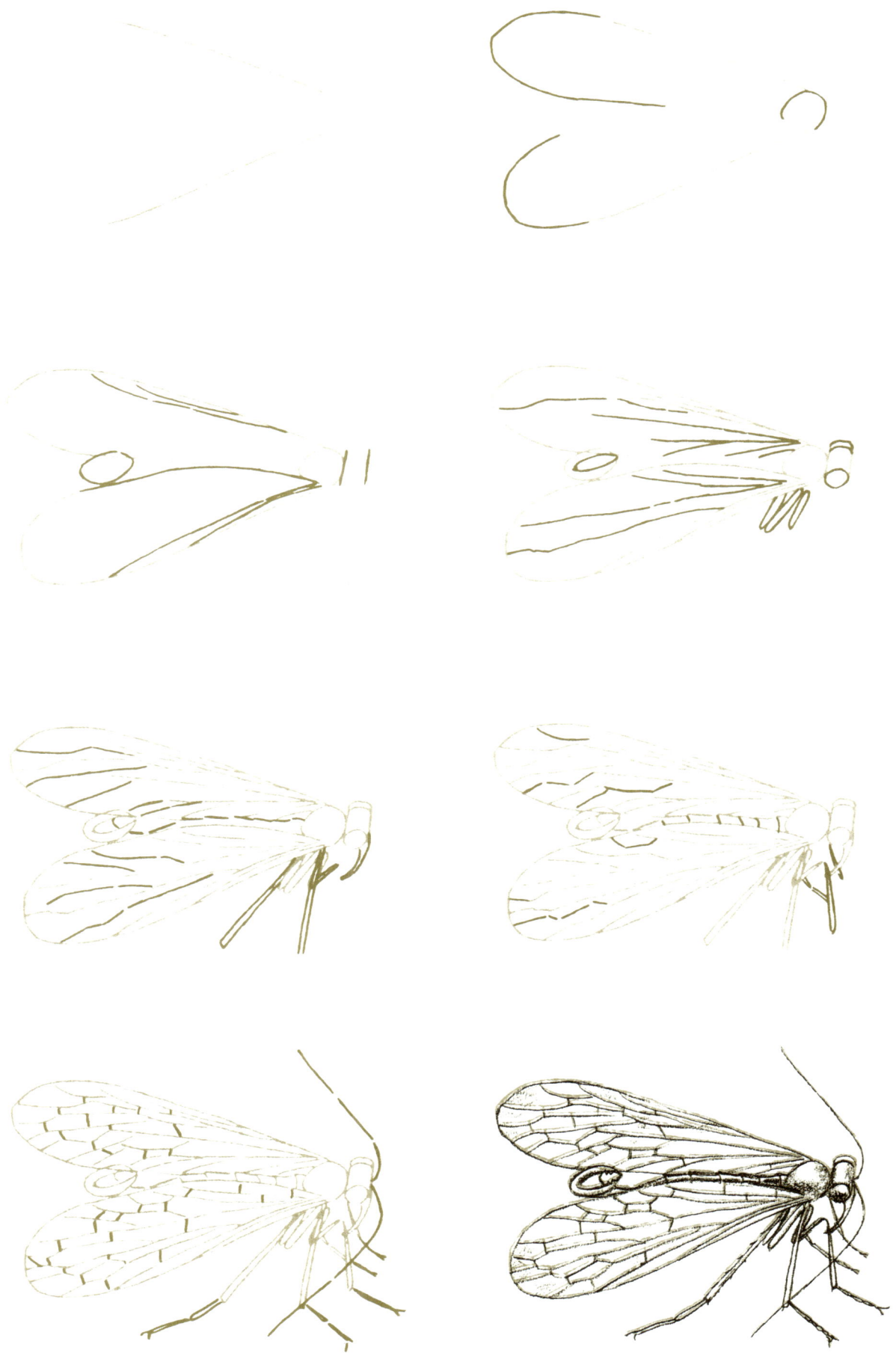

41 Mosca escorpión

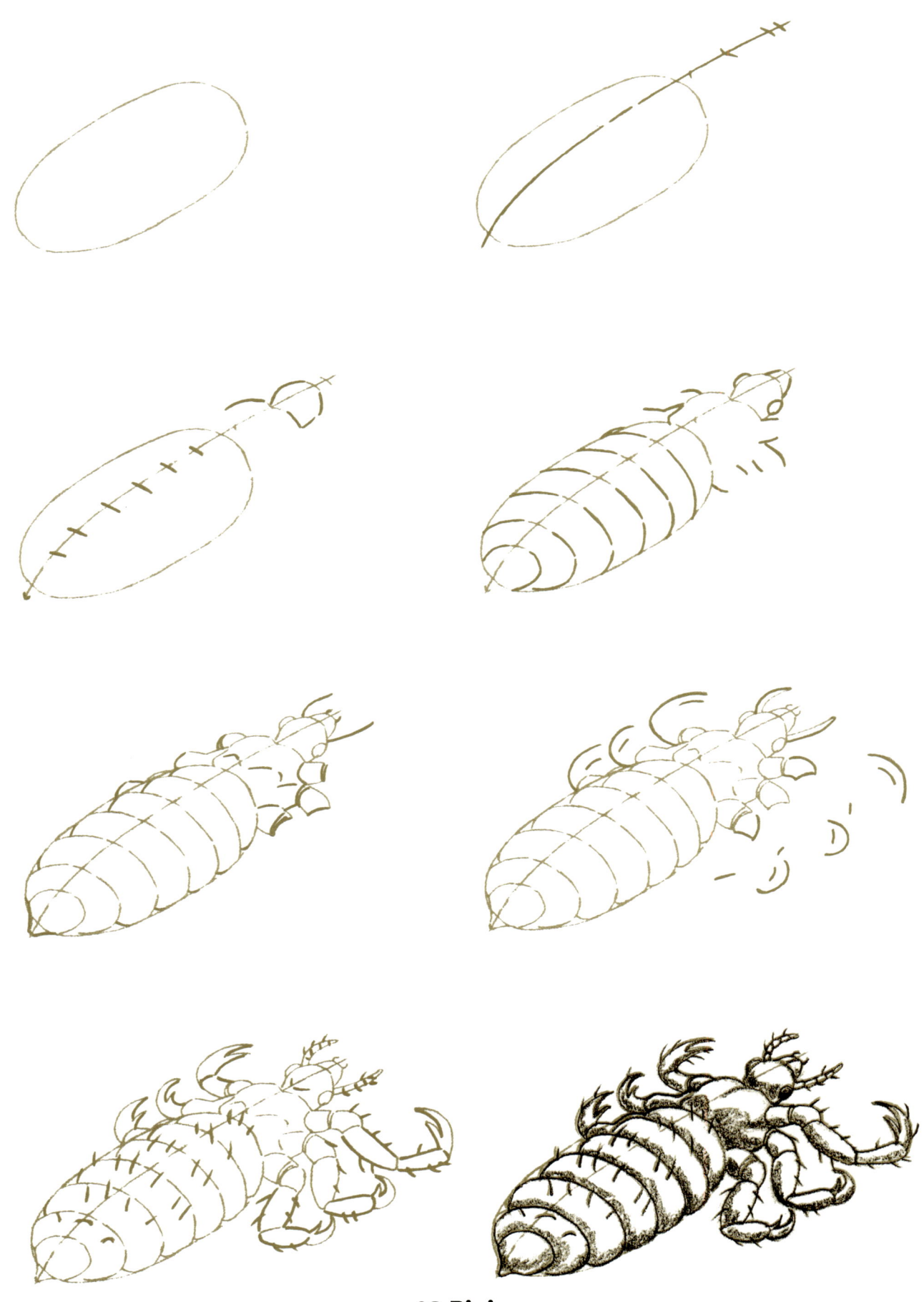

42 Piojo

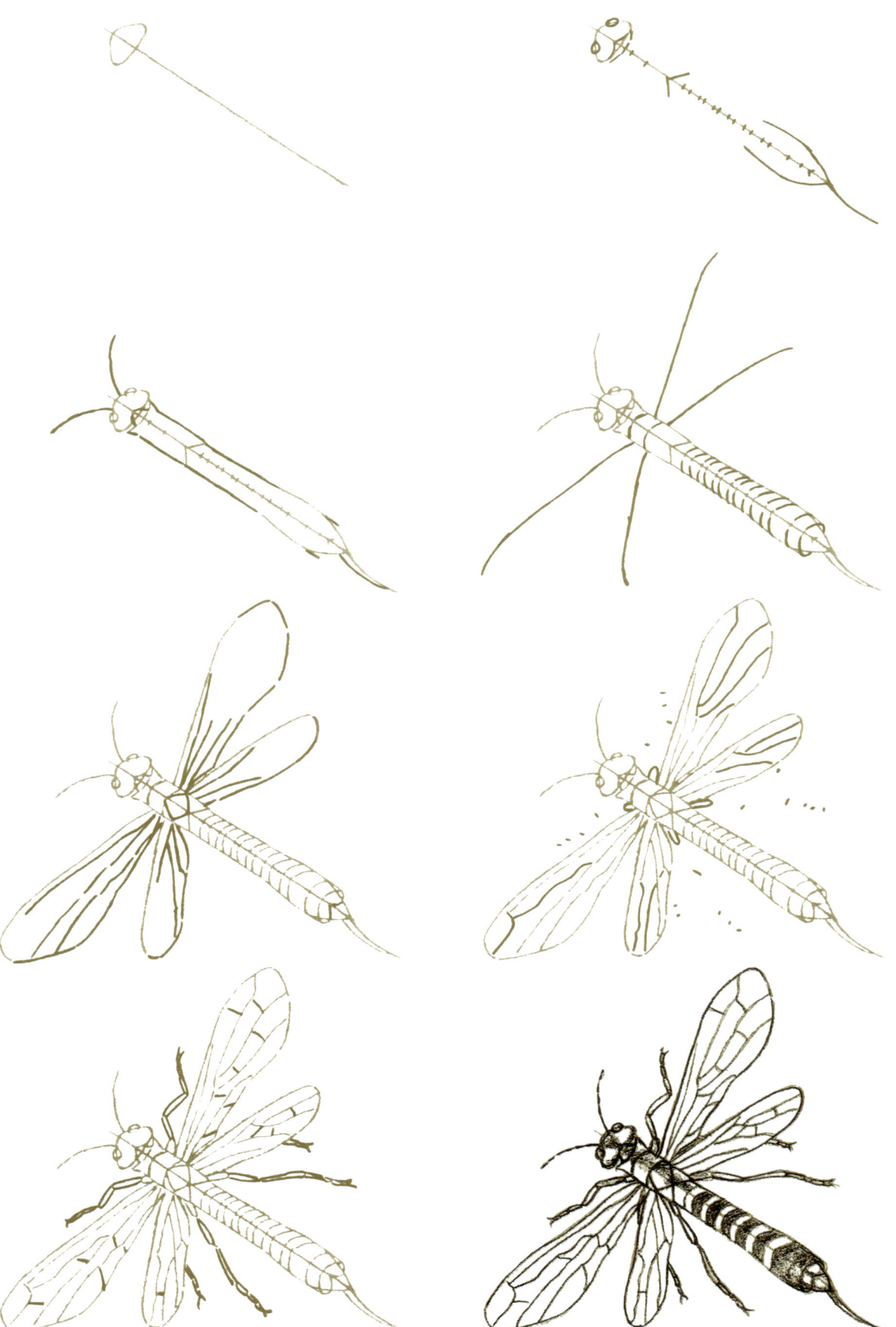

43 Sirex

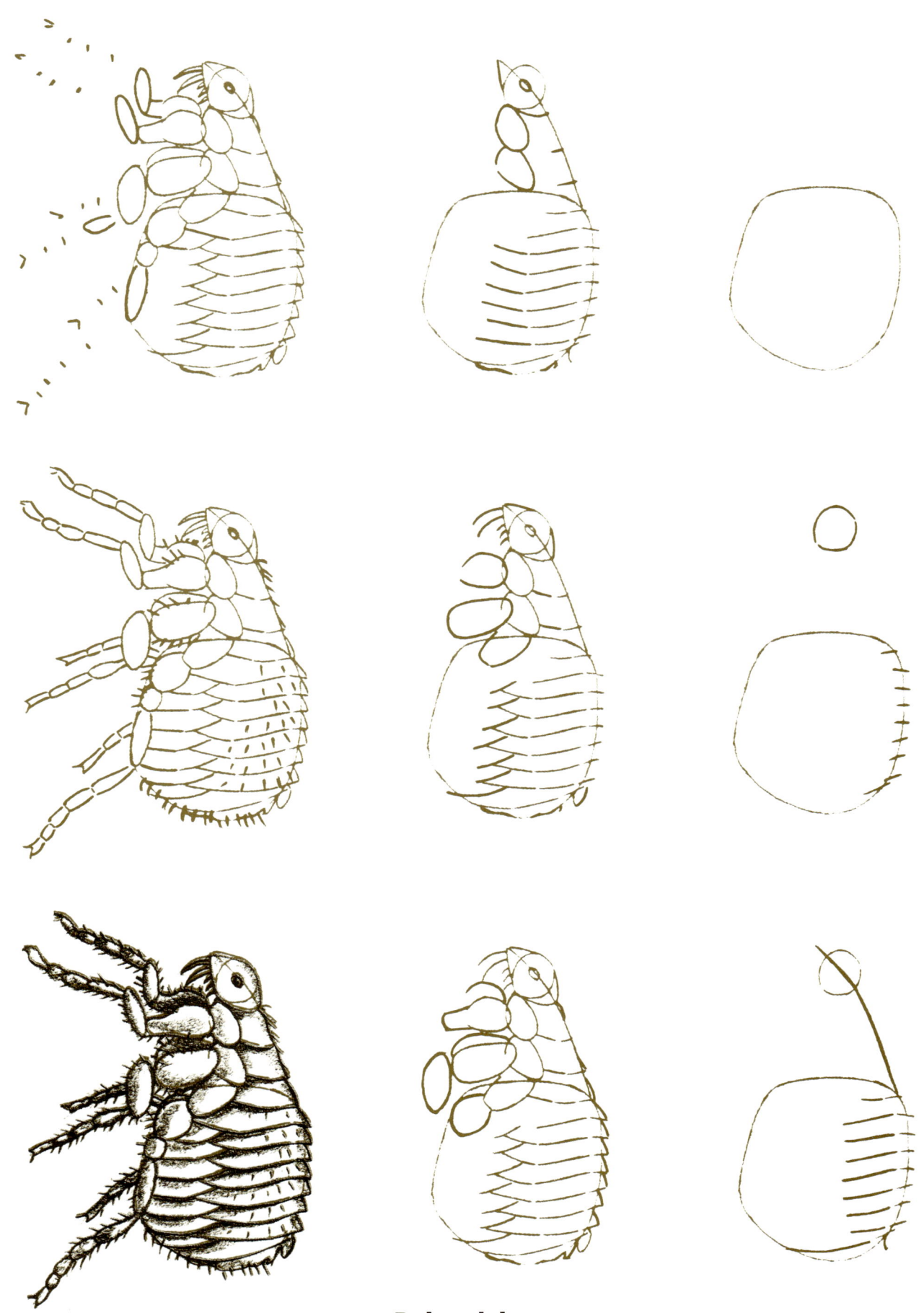

44 Pulga del perro

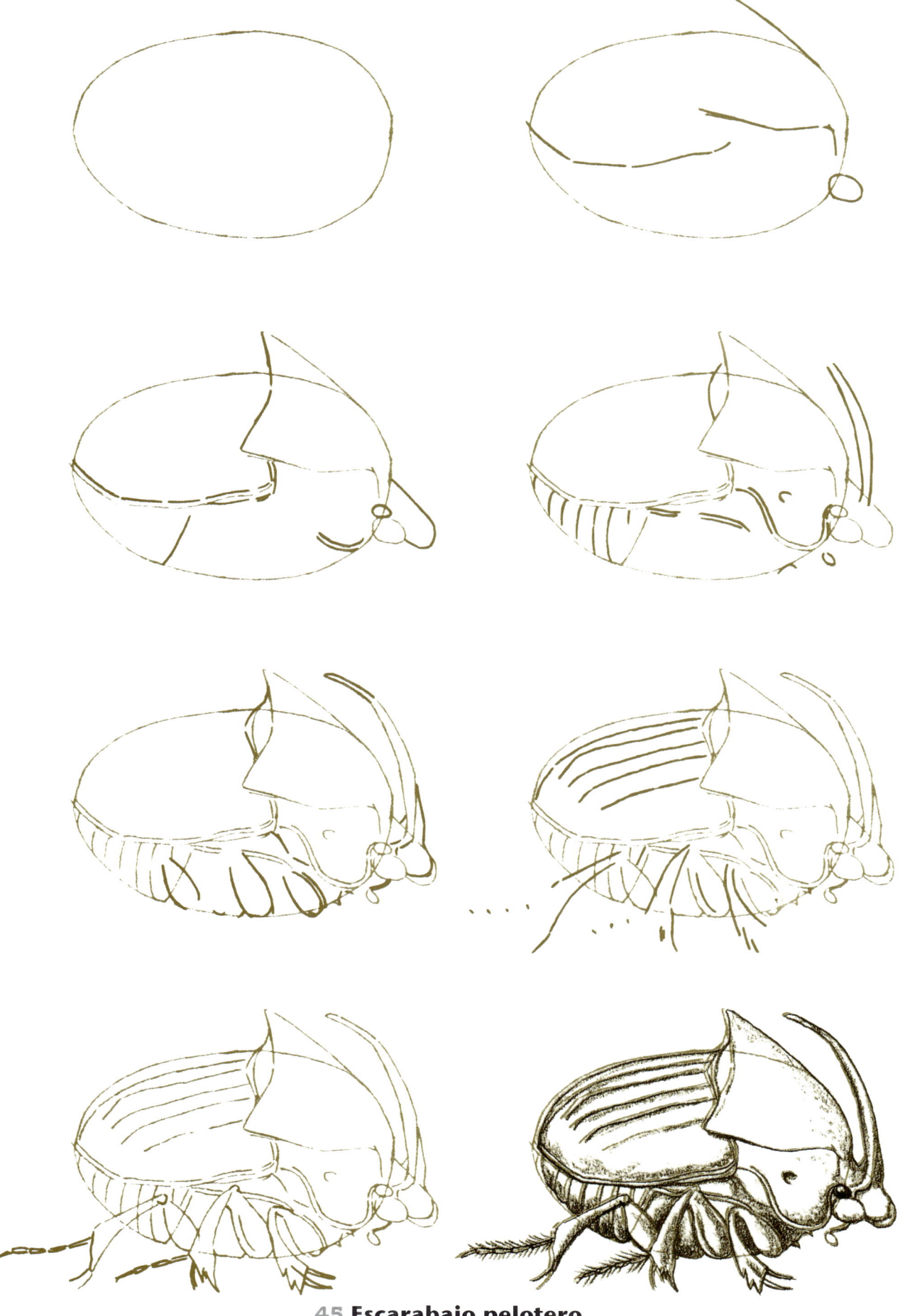

45 Escarabajo pelotero

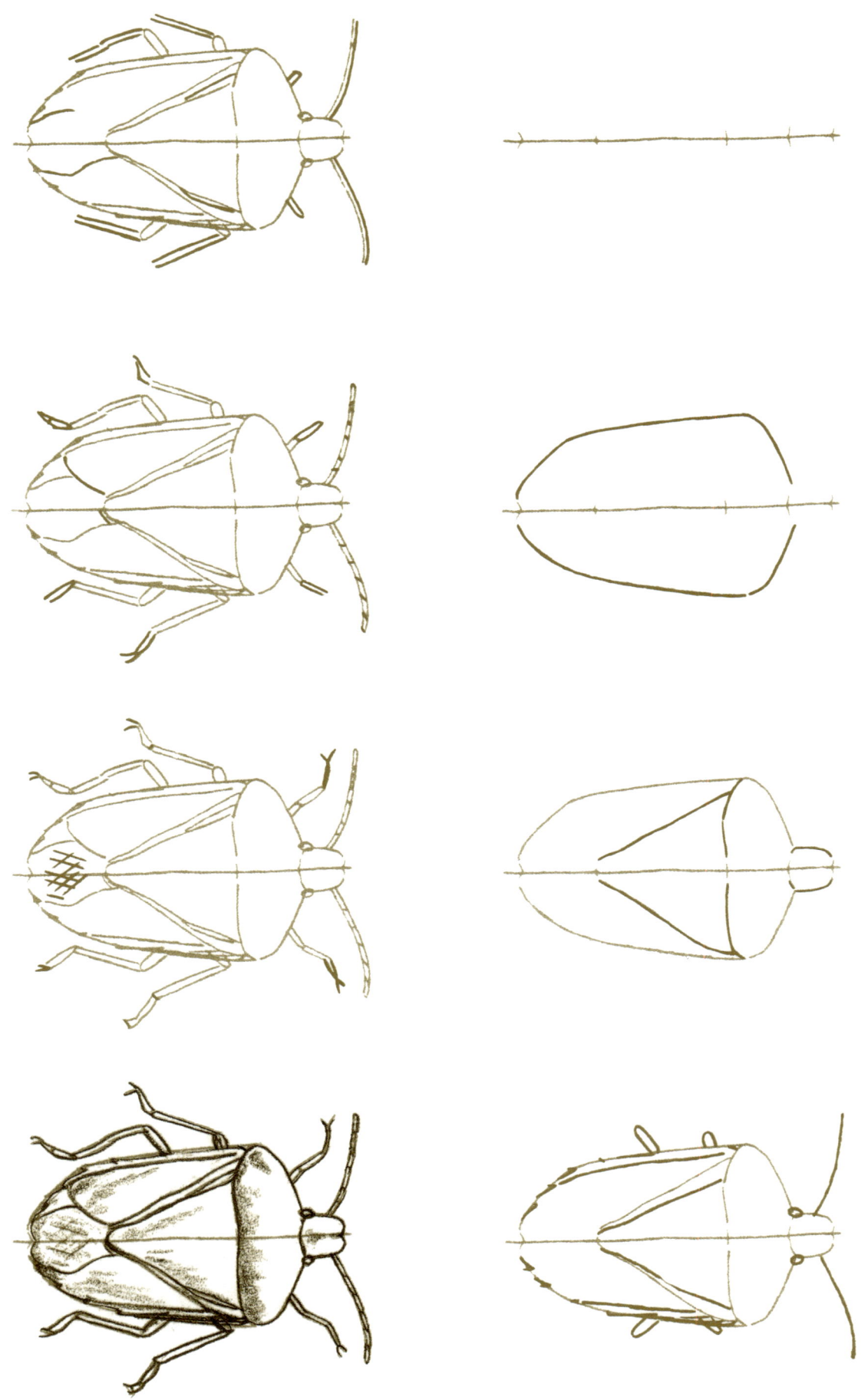

46 Chinche de los bosques

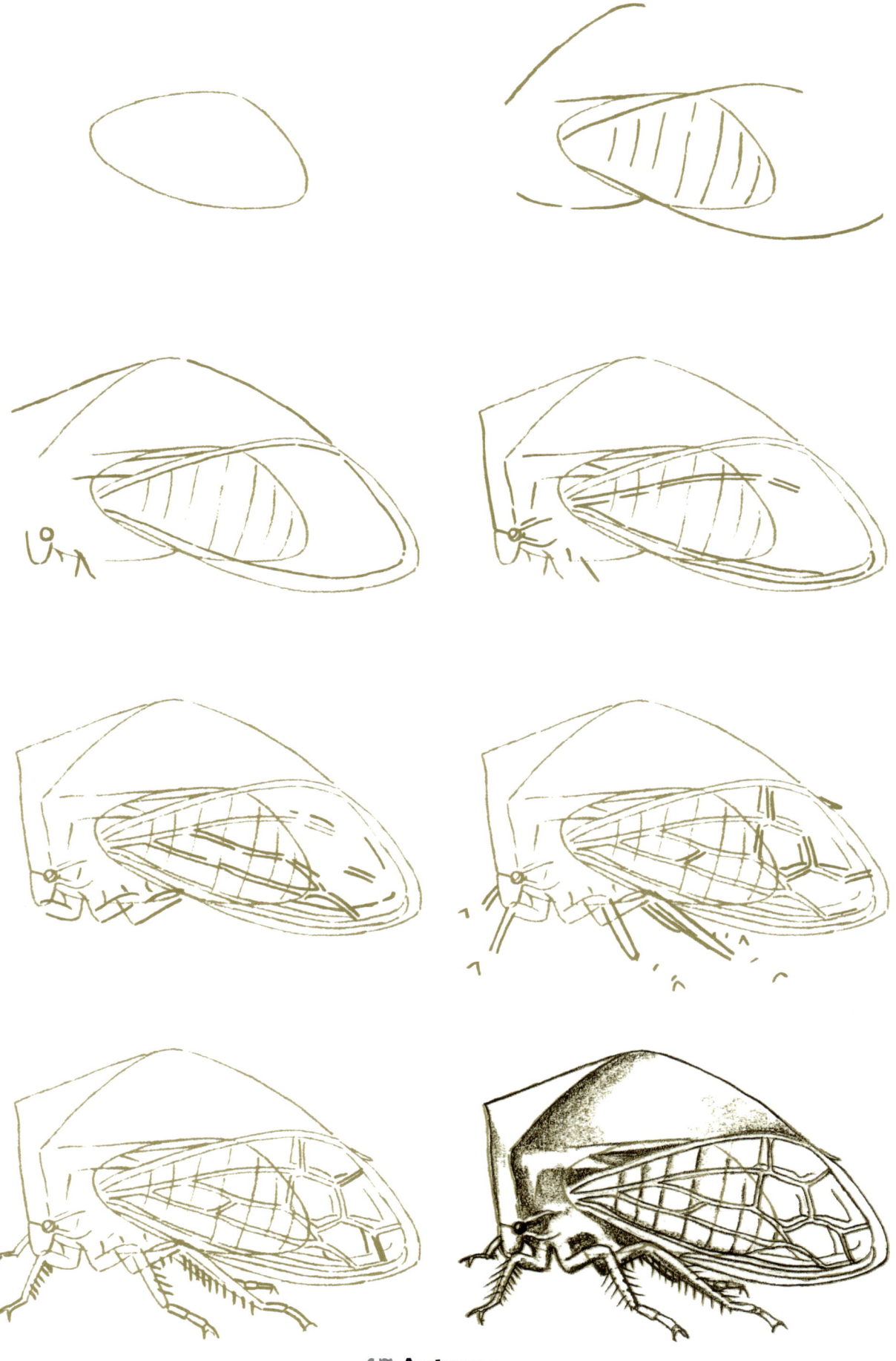

47 Antreno

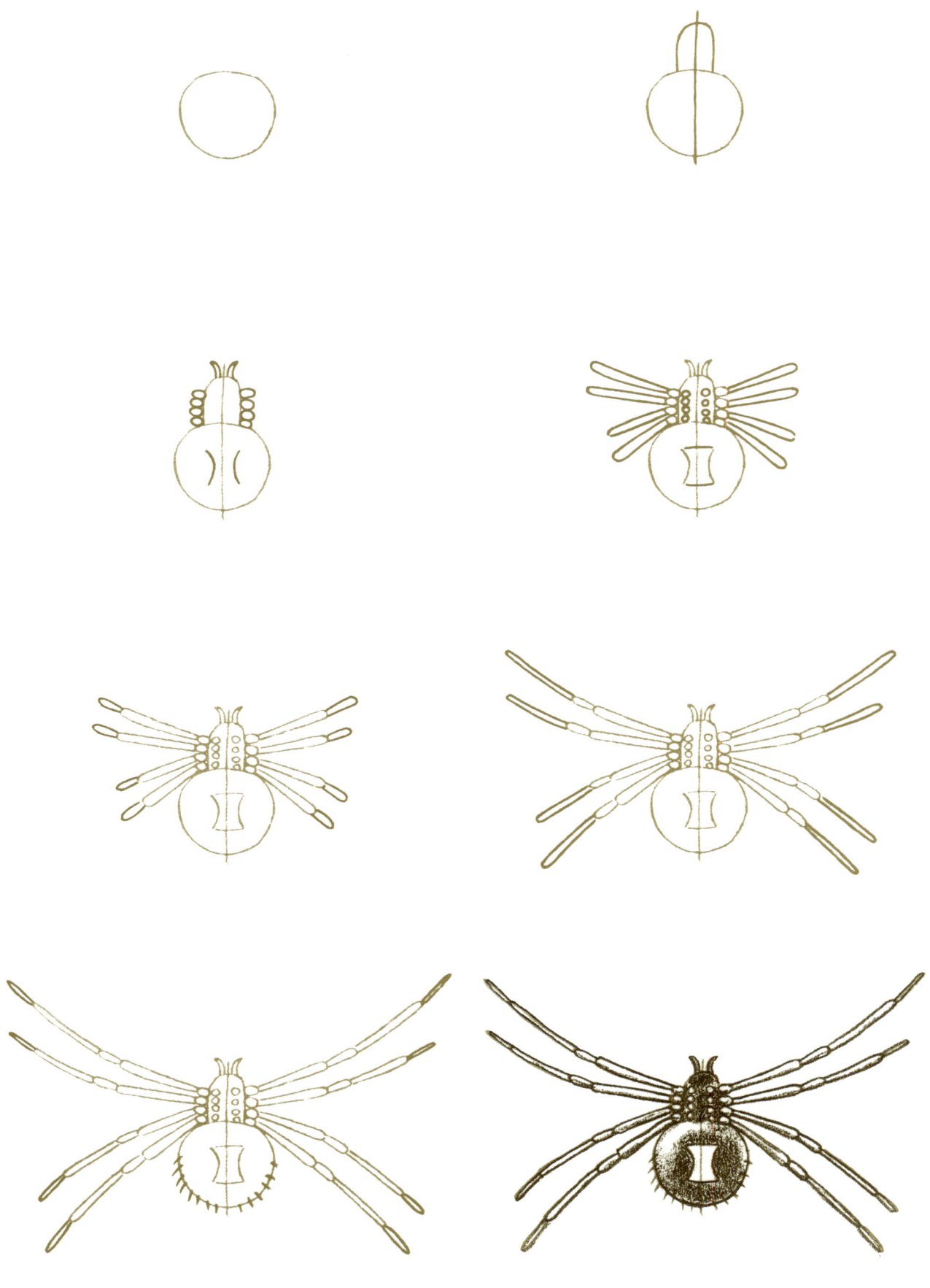

48 Viuda negra

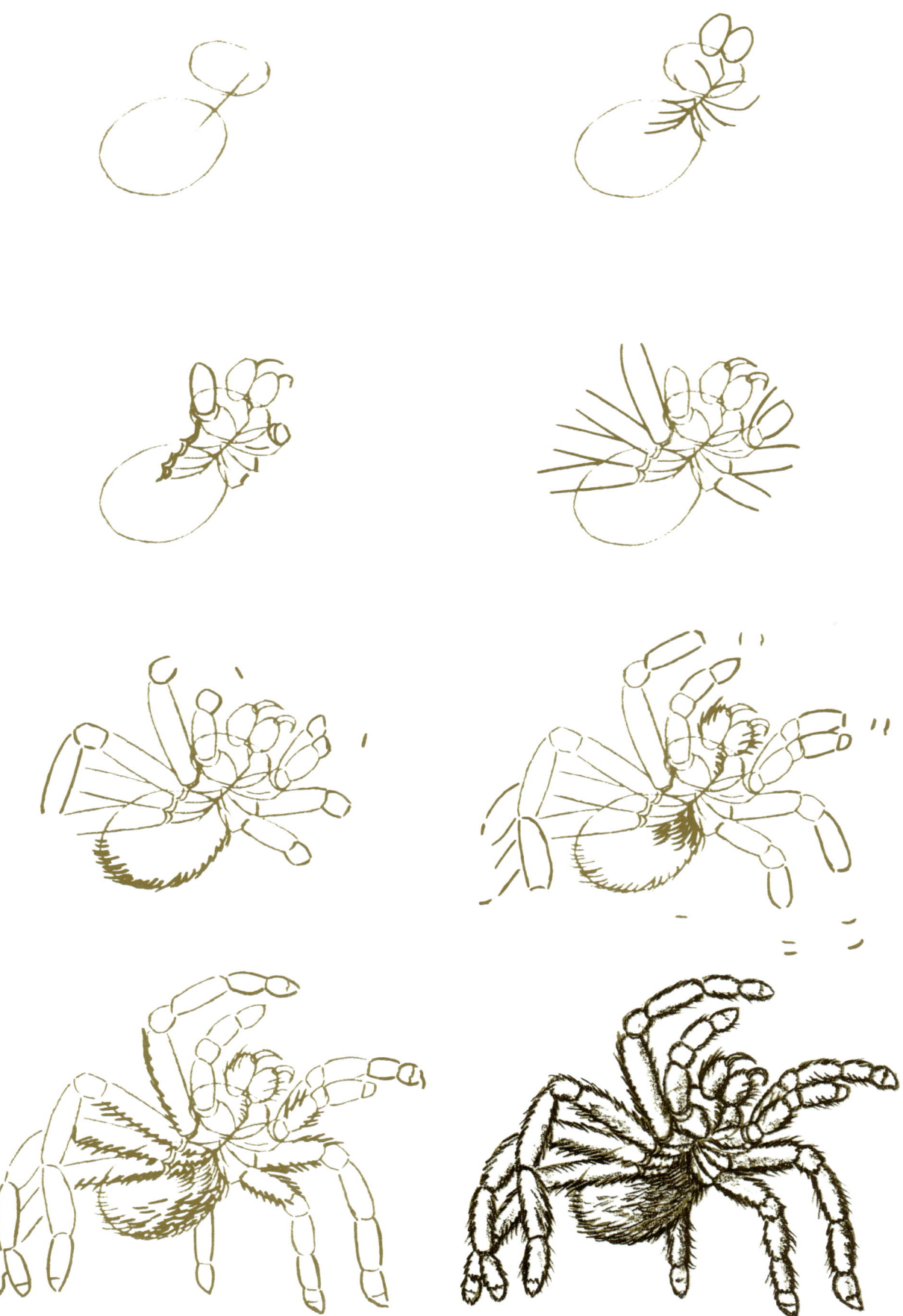

49 Tarántula

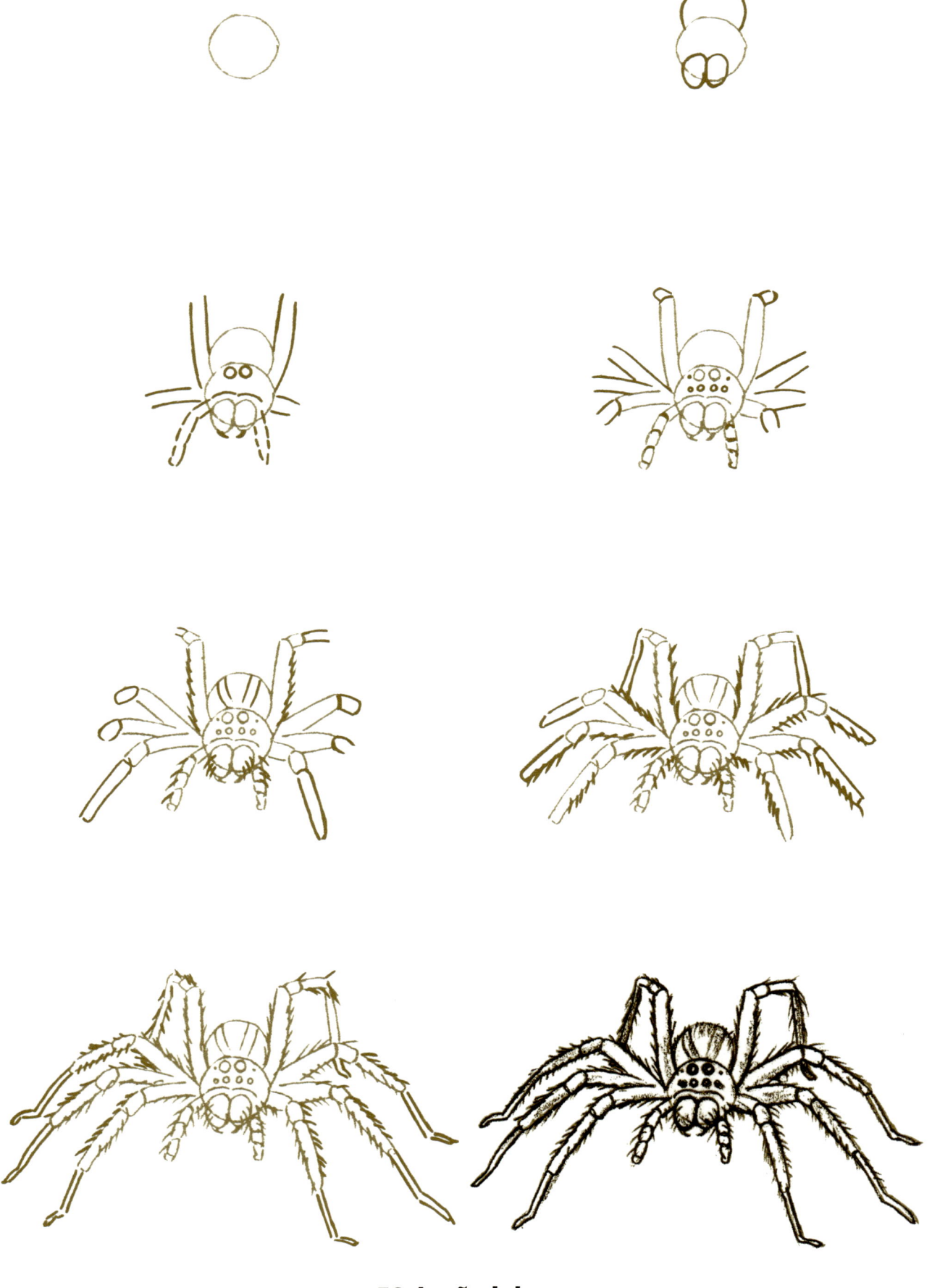

50 Araña lobo

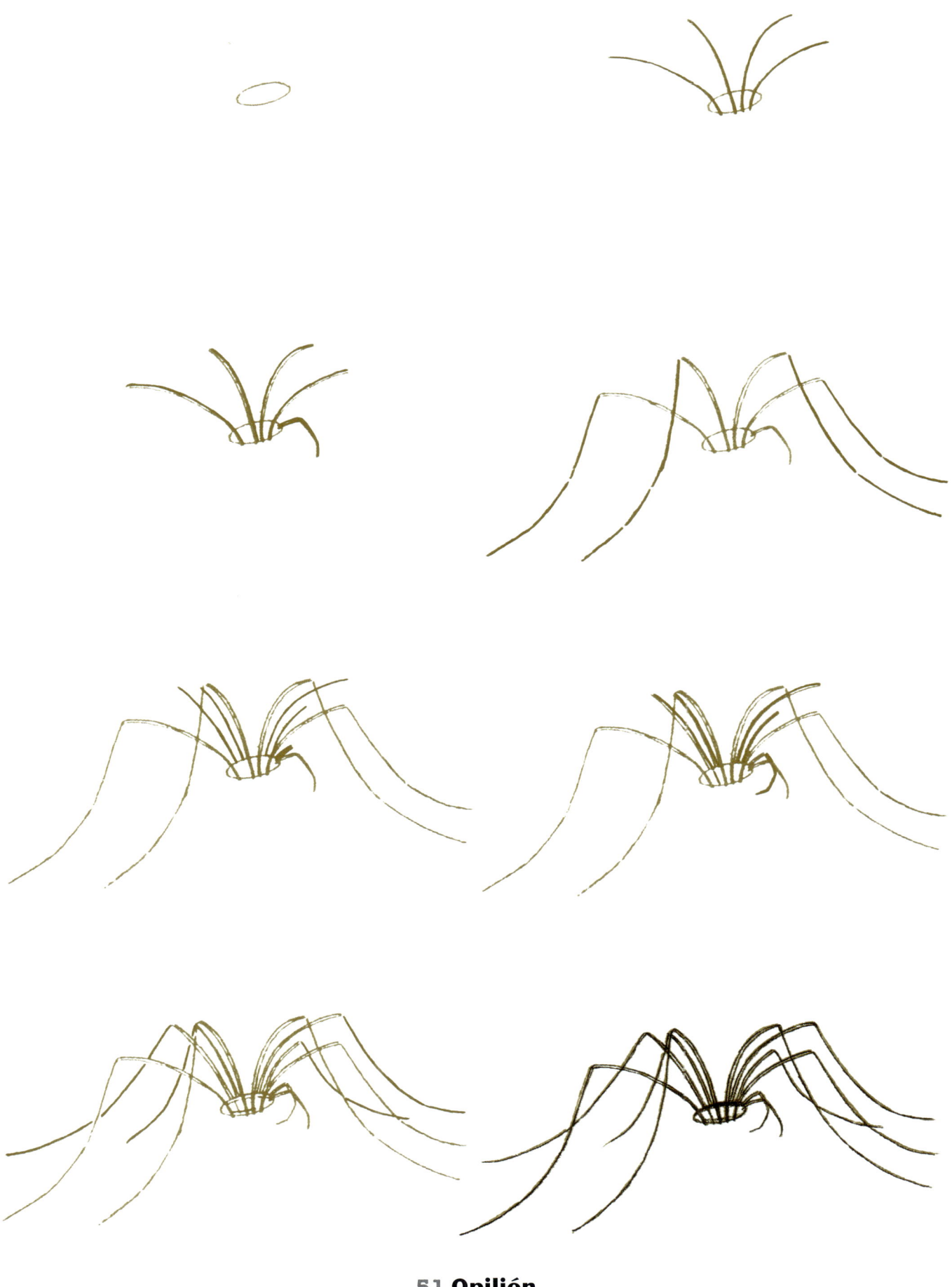

51 Opilión

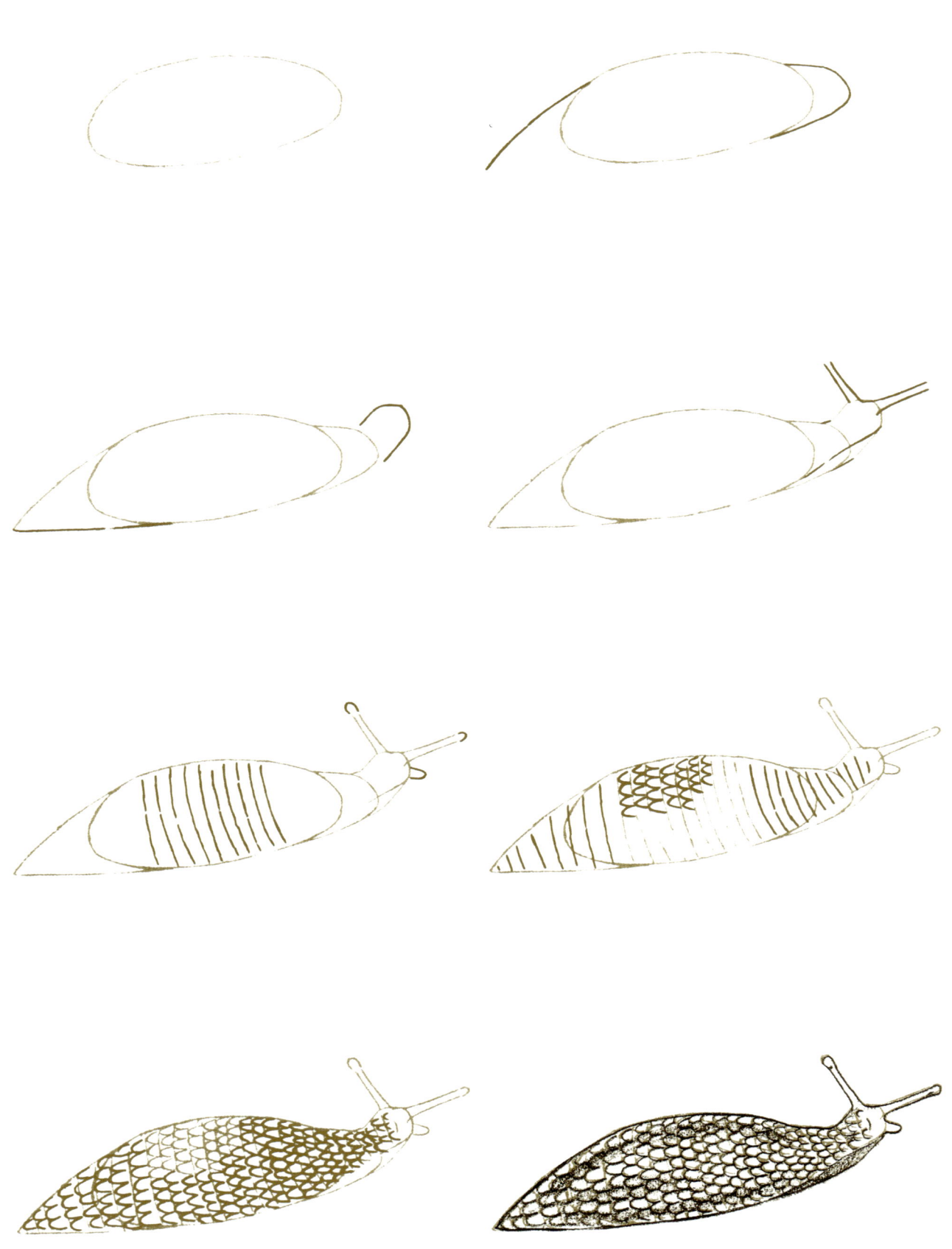

52 Babosa

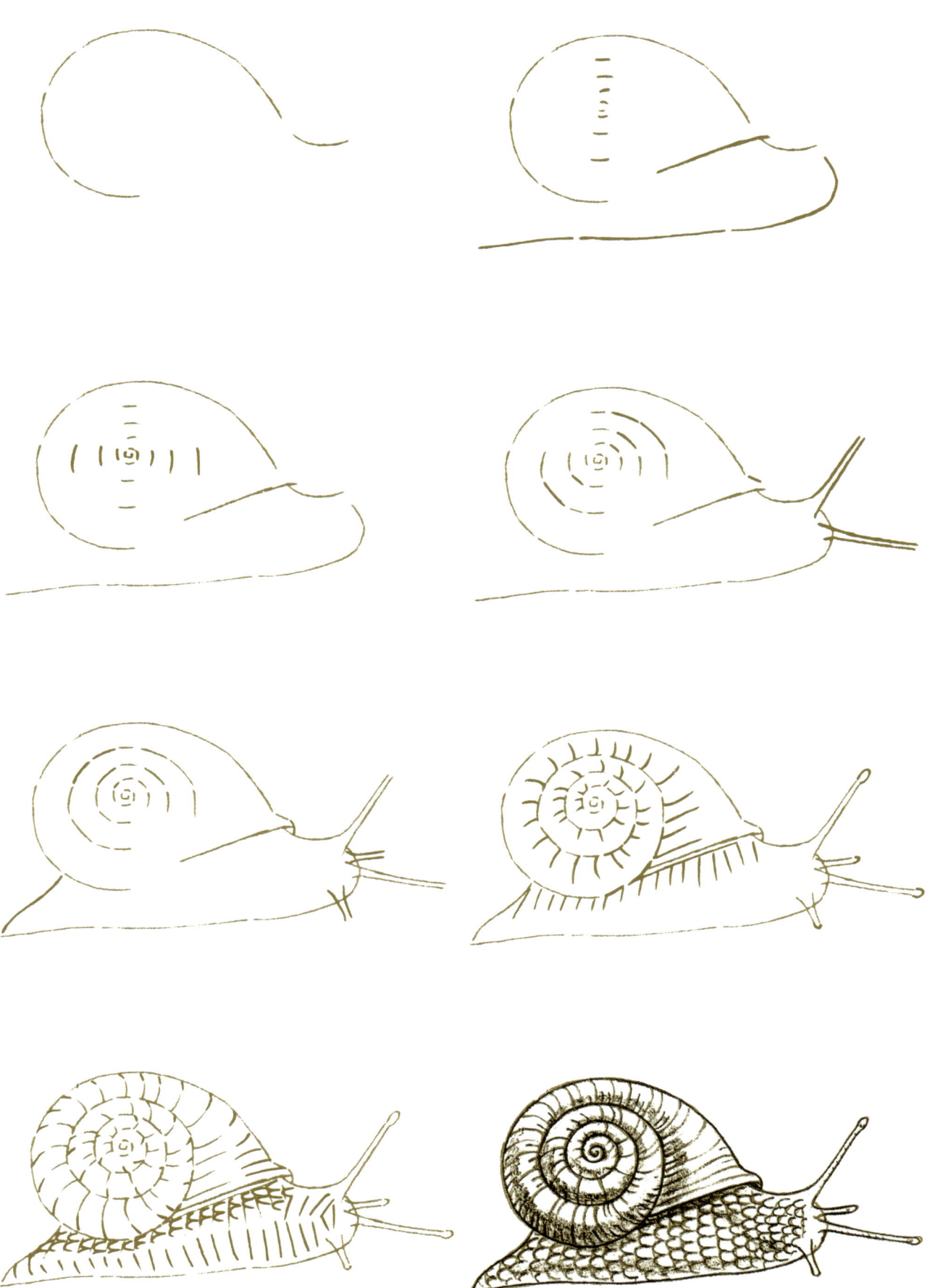

53 Caracol

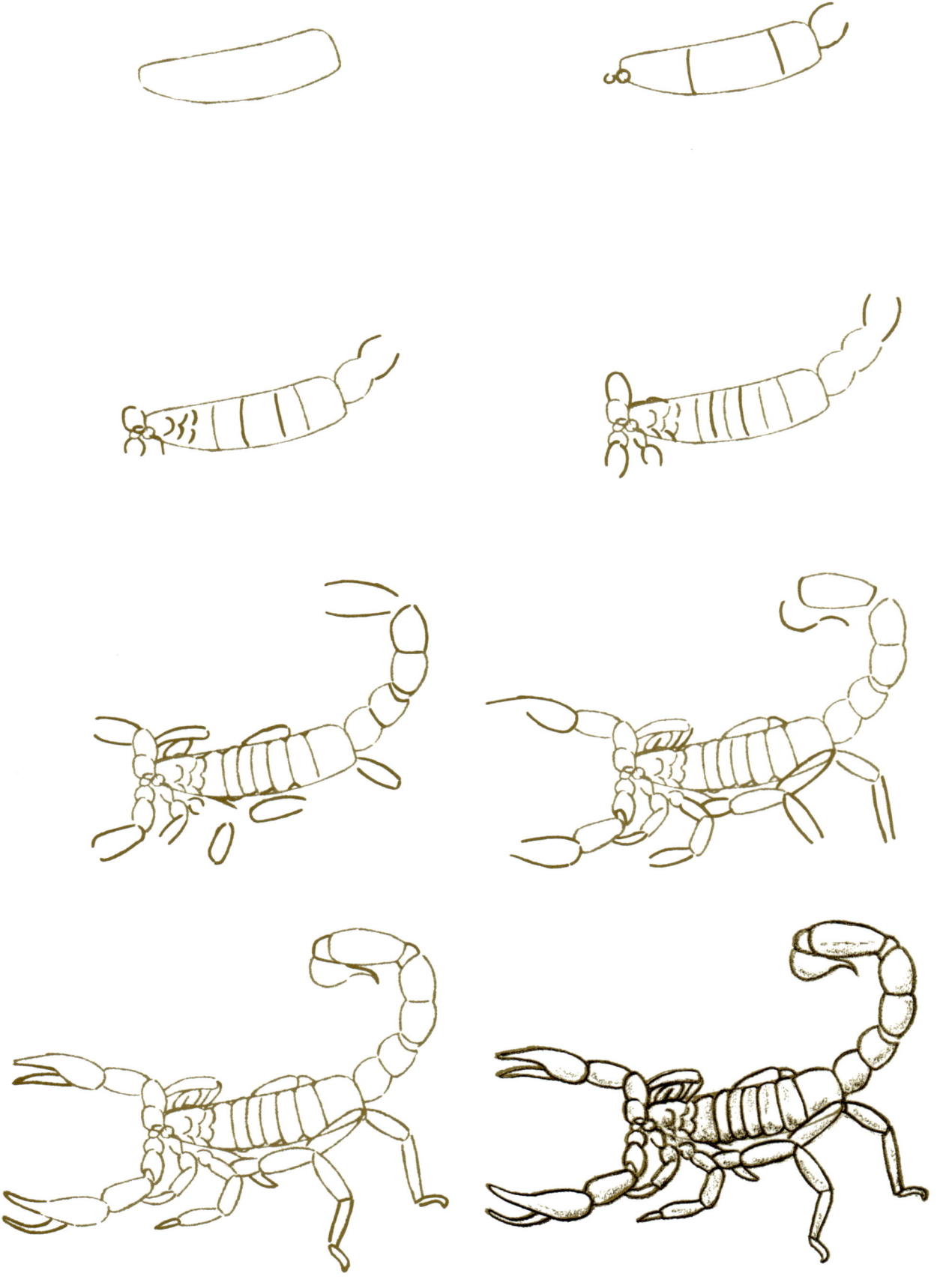

54 Escorpión

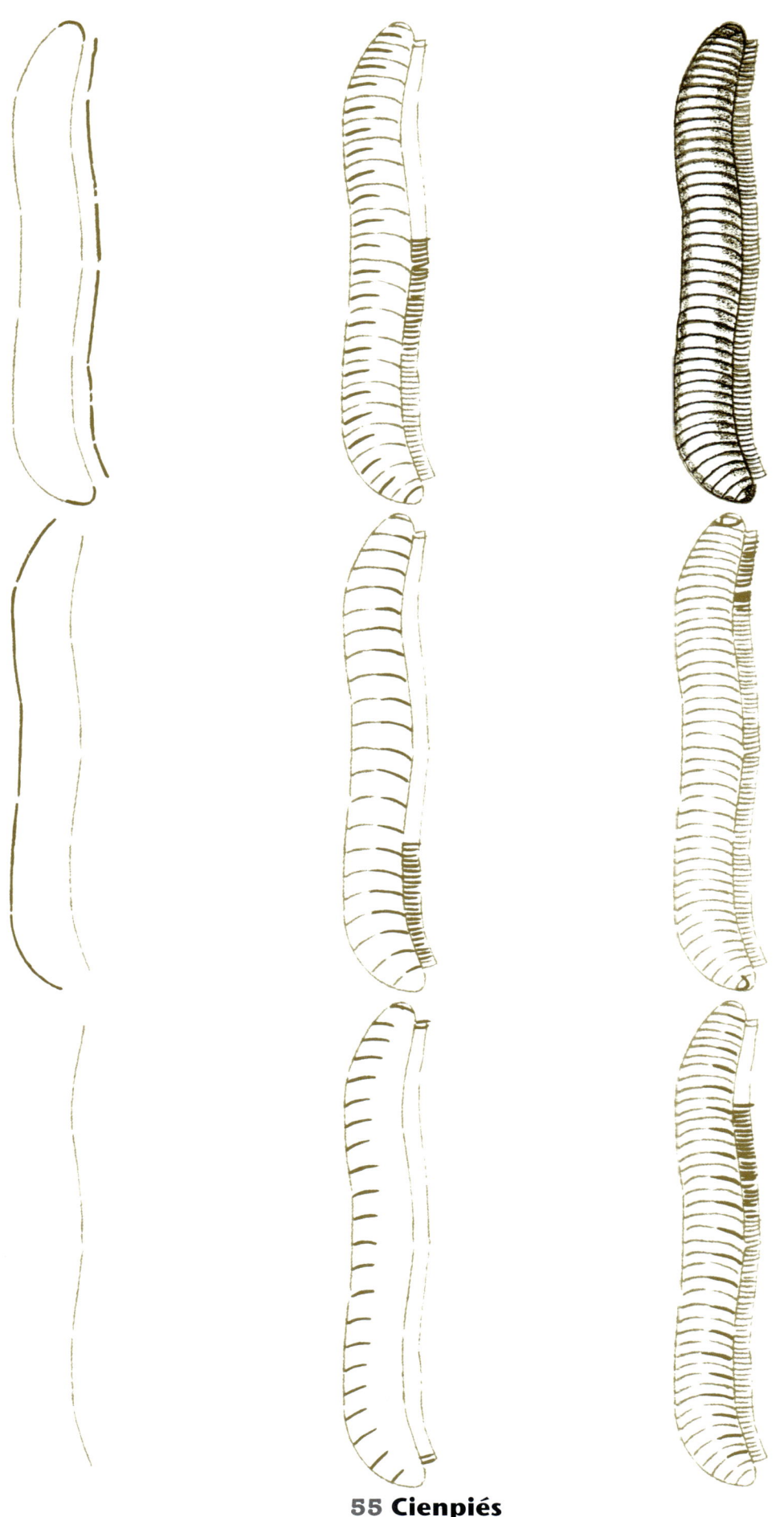

55 Cienpiés

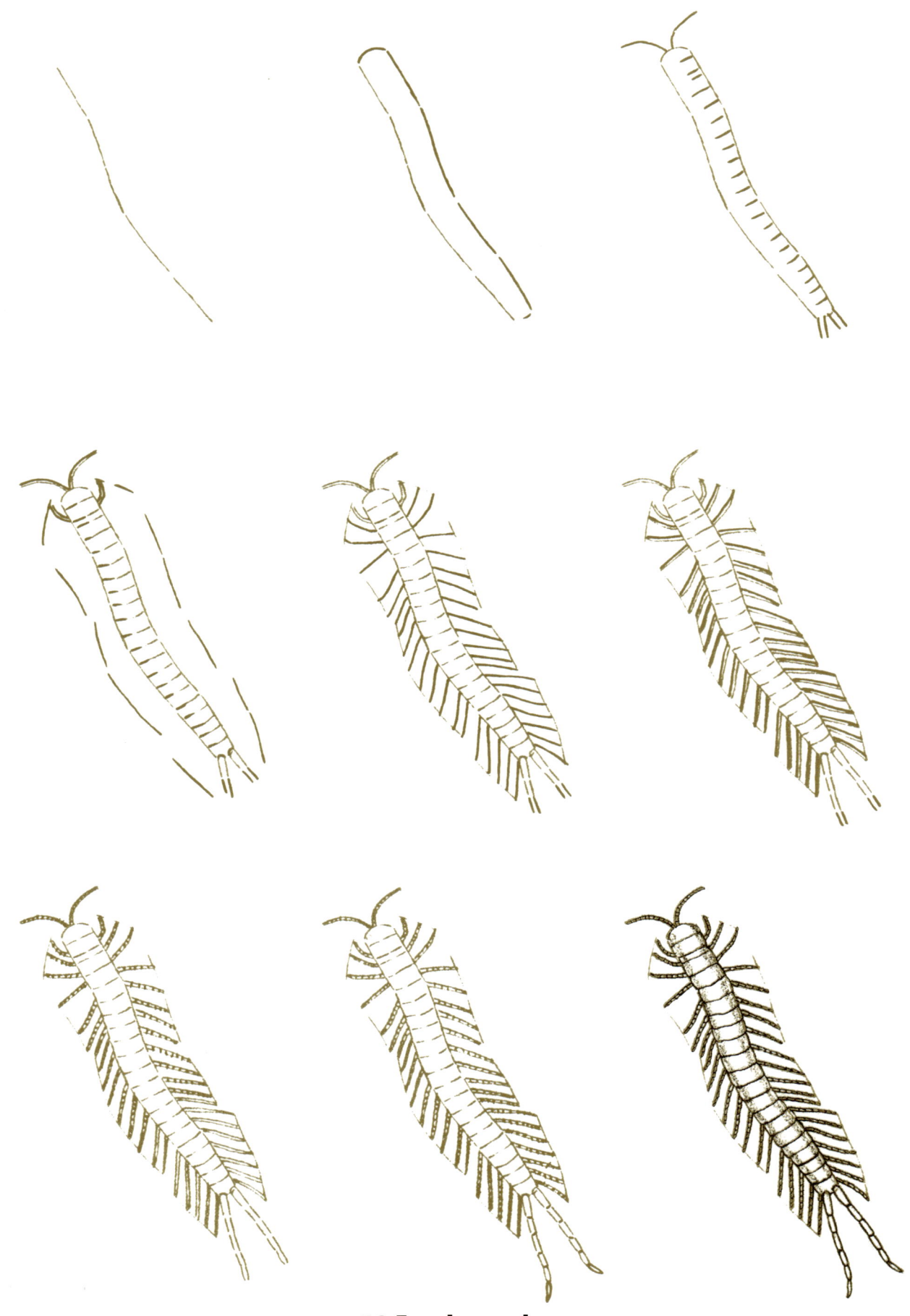

56 Escolopendra

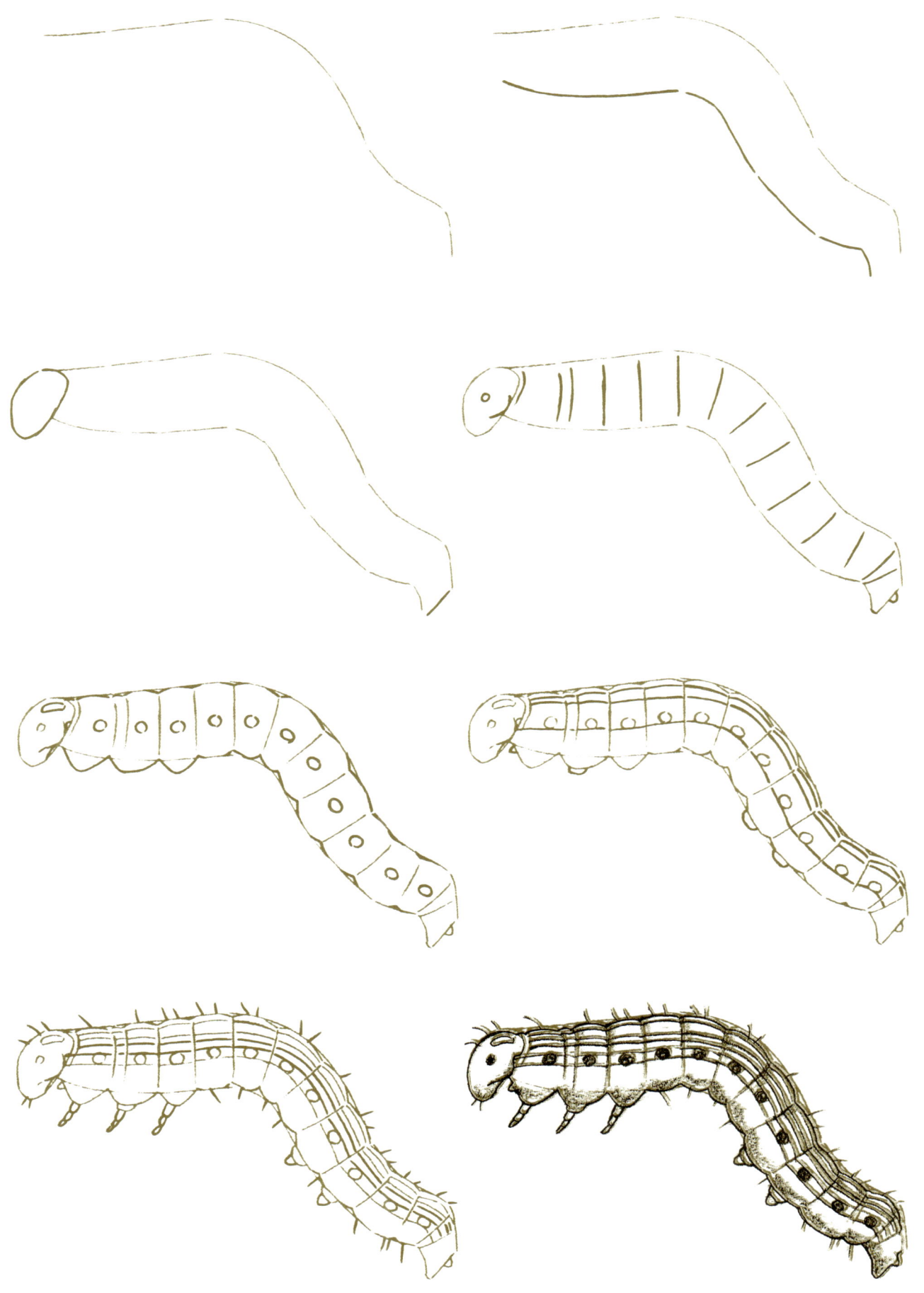

57 Oruga

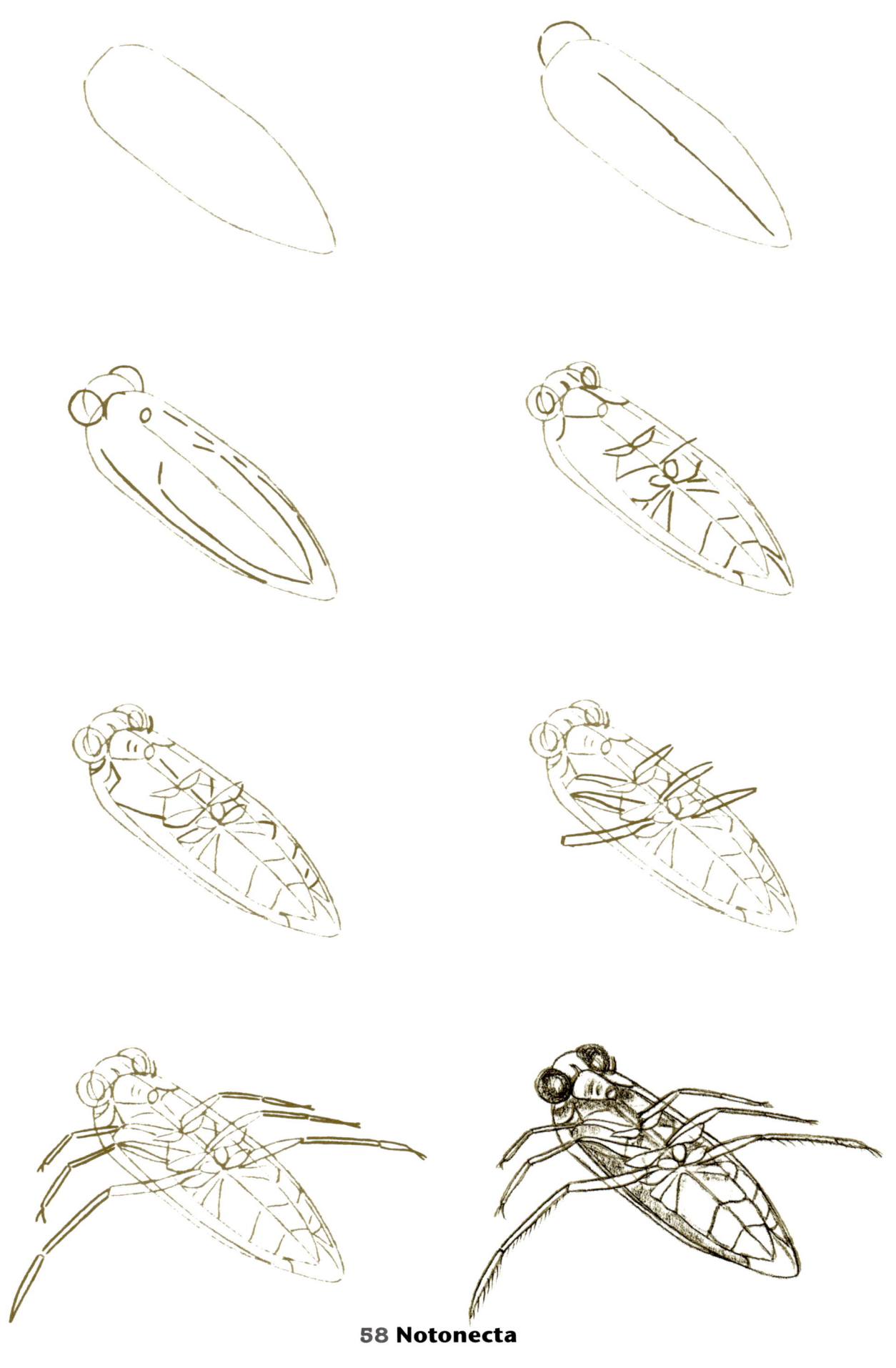

58 Notonecta

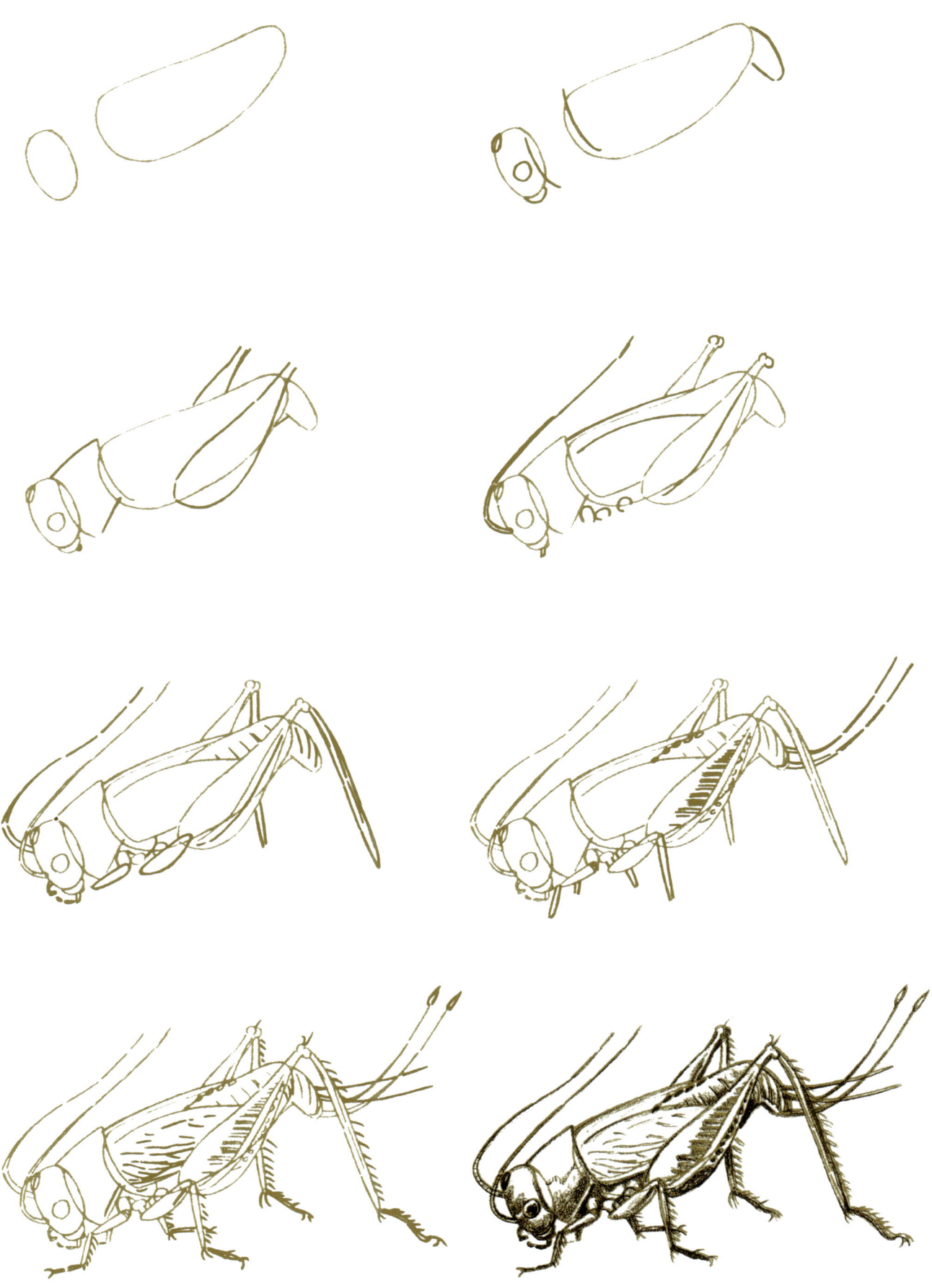

59 Grillo

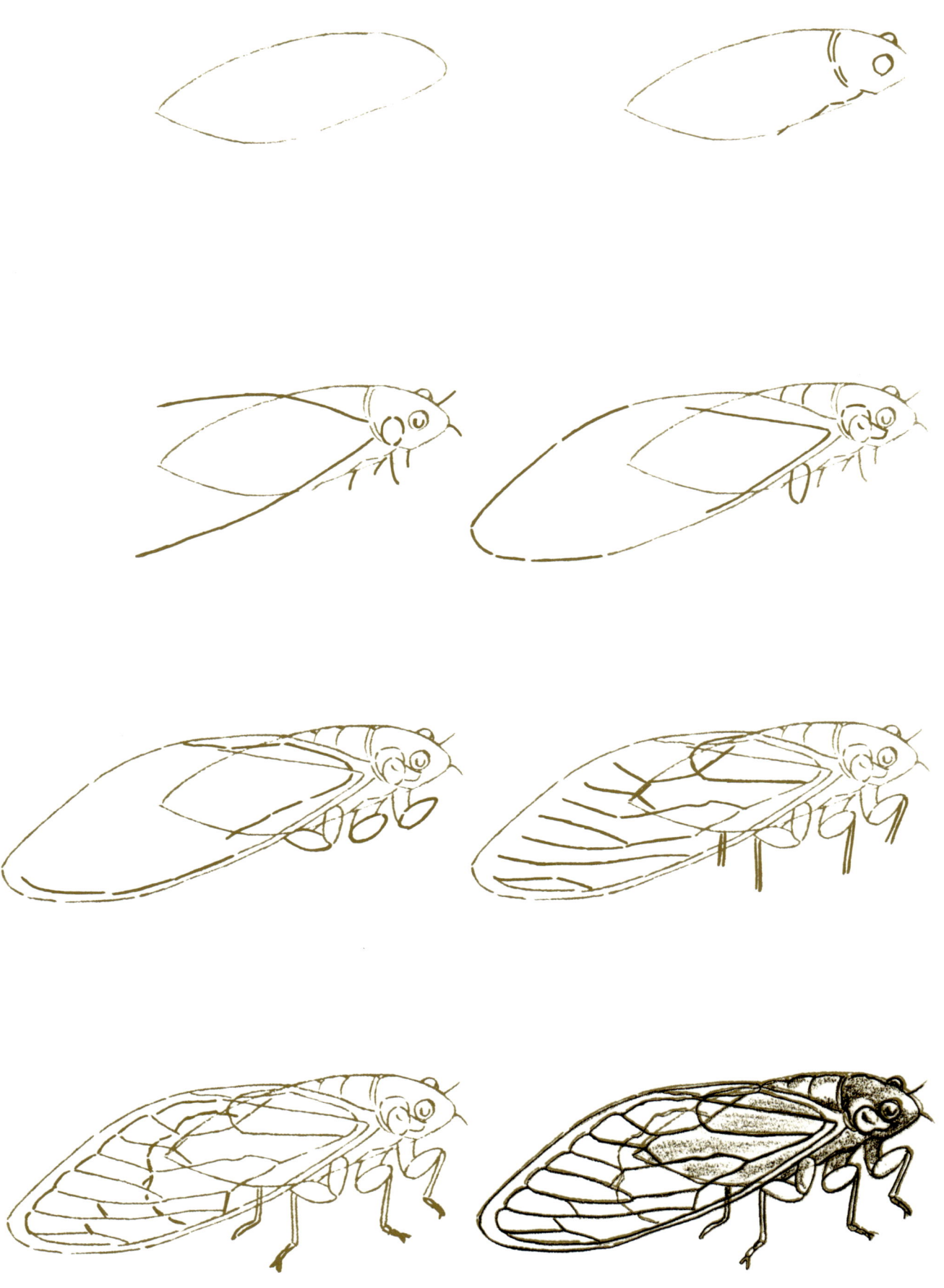

60 Cigarra

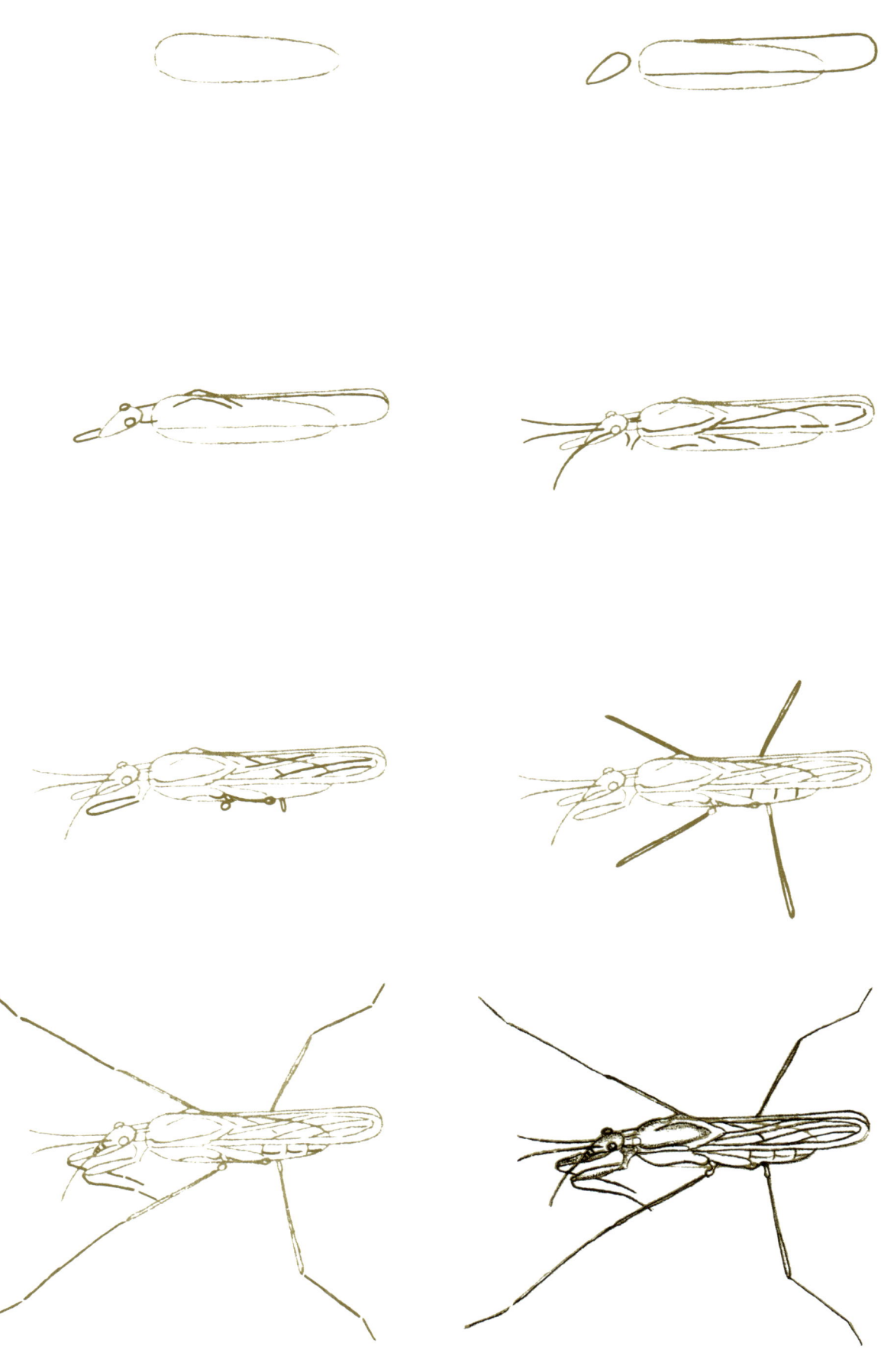

61 Zapatero

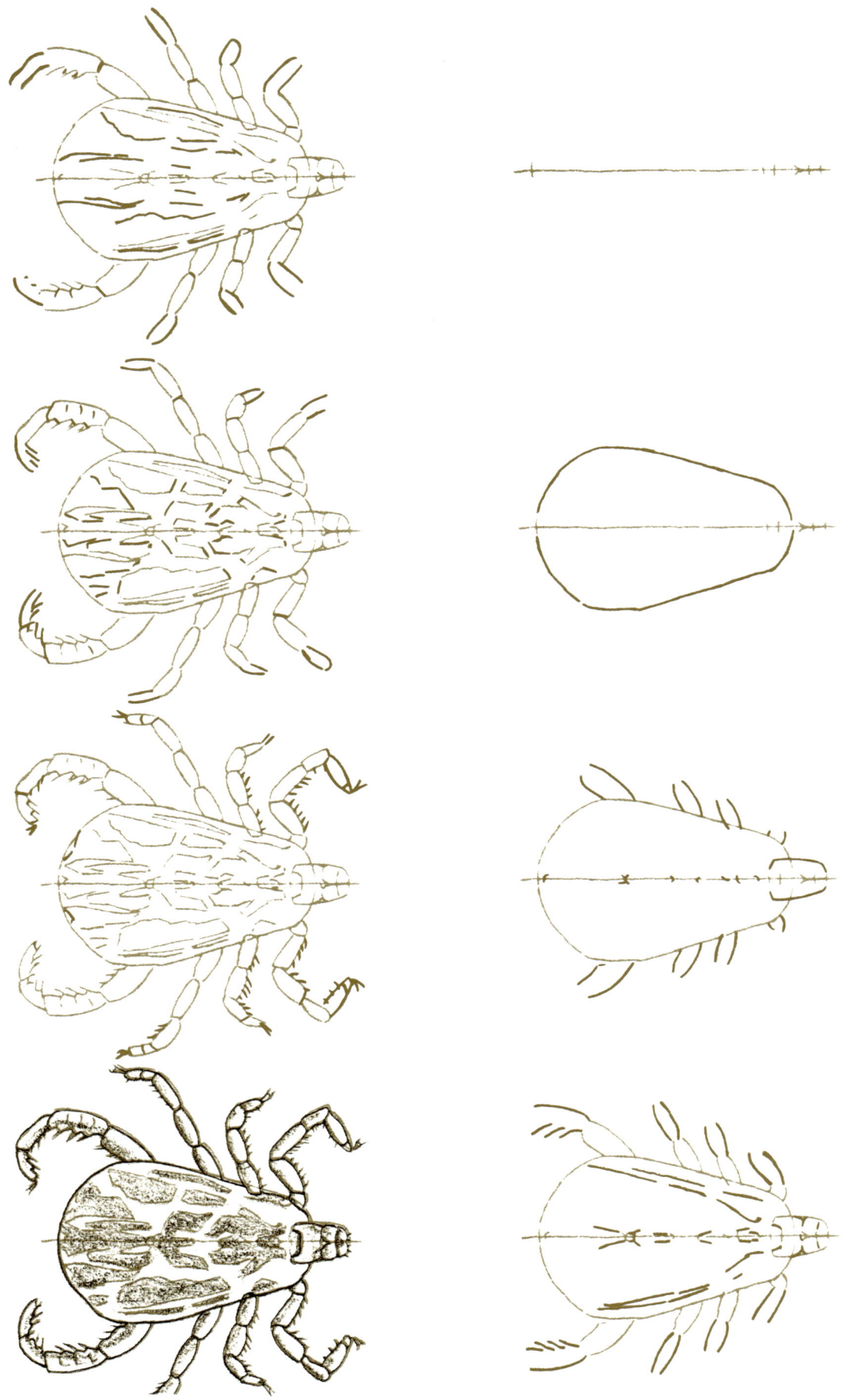

62 Garrapata de perro

Otros títulos de la colección

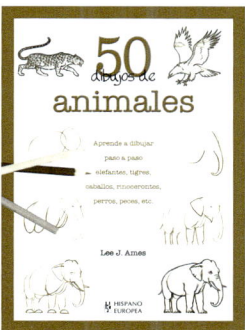
50 dibujos de
animales
Aprende a dibujar paso a paso elefantes, tigres, caballos, rinocerontes, perros, peces, etc.

Lee J. Ames

HISPANO EUROPEA

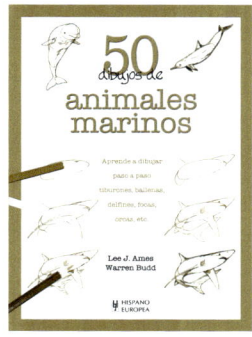
50 dibujos de
animales marinos
Aprende a dibujar paso a paso tiburones, ballenas, delfines, focas, orcas, etc.

Lee J. Ames
Warren Budd

HISPANO EUROPEA

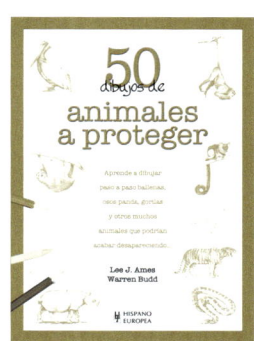
50 dibujos de
animales a proteger
Aprende a dibujar paso a paso ballenas, osos panda, gorilas y otros muchos animales que podrían acabar desapareciendo.

Lee J. Ames
Warren Budd

HISPANO EUROPEA

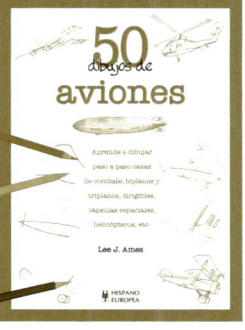
50 dibujos de
aviones
Aprende a dibujar paso a paso cazas de combate, biplanos y triplanos, dirigibles, cápsulas espaciales, helicópteros, etc.

Lee J. Ames

HISPANO EUROPEA

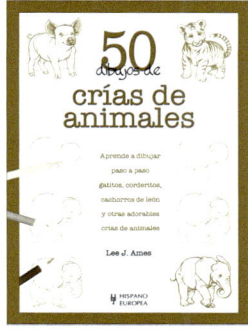
50 dibujos de
crías de animales
Aprende a dibujar paso a paso gatitos, corderitos, cachorros de león y otras adorables crías de animales

Lee J. Ames

HISPANO EUROPEA

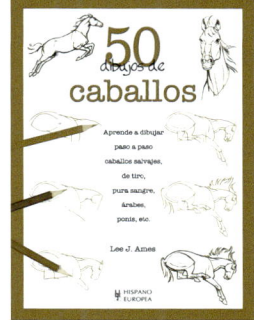
50 dibujos de
caballos
Aprende a dibujar paso a paso caballos salvajes, de tiro, pura sangre, árabes, ponis, etc.

Lee J. Ames

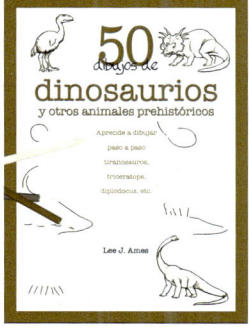
50 dibujos de
dinosaurios
y otros animales prehistóricos
Aprende a dibujar paso a paso tiranosaurios, triceratops, diplodocus, etc.

Lee J. Ames

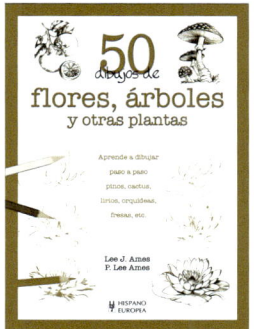
50 dibujos de
flores, árboles
y otras plantas
Aprende a dibujar paso a paso pinos, cactus, lirios, orquídeas, fresas, etc.

Lee J. Ames
P. Lee Ames

HISPANO EUROPEA

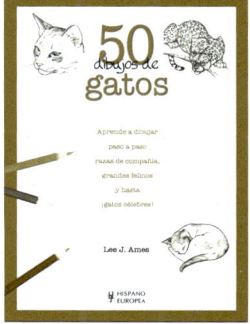
50 dibujos de
gatos
Aprende a dibujar paso a paso razas de compañía, grandes felinos y hasta ¡gatos célebres!

Lee J. Ames

HISPANO EUROPEA

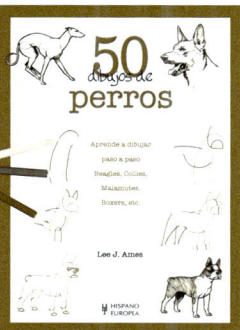
50 dibujos de
perros
Aprende a dibujar paso a paso Beagles, Collies, Malamutes, Boxers, etc.

Lee J. Ames

HISPANO EUROPEA

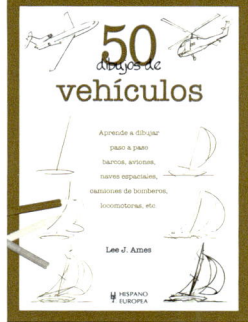
50 dibujos de
vehículos
Aprende a dibujar paso a paso barcos, aviones, naves espaciales, camiones de bomberos, locomotoras, etc.

Lee J. Ames

HISPANO EUROPEA

Título de la edición original:
Draw 50 creepy crawlies

Depósito Legal: B. 929-2011

ISBN: 978-84-255-1990-1

Consulte nuestra web:
www.hispanoeuropea.com

IMPRESO EN ESPAÑA   PRINTED IN SPAIN

T. G. SOLER, S. A. - Enric Morera, 15 - 08950 Esplugues de Llobregat (Barcelona)